# 20 Soviet Famous
# 20所苏联著名大学
## 早期入学
## Universitise Early
## Entrance Exam Problems 试题

◎ 刘培杰数学工作室 编译

尝得春秋，披览不倦。凡大家之手迹，古典之珍品，
莫不采撷其华实，探涉其源流，钩纂枢要而编节之，改岁钥而成书。

香港凤凰卫视评论员梁文道先生说：我们常把经典和畅销书对立起来，
觉得后者虽能红极一时，终究是过眼云烟；而前者面世时时光华内敛，却能长明不息。
写书出书，当以铸经典为职志。

在罗马的贵族家庭会聘请启蒙师傅来带孩子们背诵、阅读和理解经典。
教师们的任务不是炫耀自己的知识，而是忠实地教会孩子们读通经典。

哈尔滨工业大学出版社
HARBIN INSTITUTE OF TECHNOLOGY PRESS

## 内容简介

本书是对苏联 20 所著名高校早期数学试题的汇总及解答. 全书每套试题后都附有参考答案,其主要包括数学力学系、计算数学与控制论系、物理系等内容.

本书适用于大中学生及数学爱好者参阅.

**图书在版编目(CIP)数据**

20 所苏联著名大学早期入学试题/刘培杰数学工作室编译. —哈尔滨:哈尔滨工业大学出版社,2015.2
ISBN 978-7-5603-5219-0

Ⅰ.①2… Ⅱ.①刘… Ⅲ.①高等学校 – 入学考试 – 习题集 Ⅳ.①G632.474 – 44

中国版本图书馆 CIP 数据核字(2015)第 023298 号

| | |
|---|---|
| 策划编辑 | 刘培杰 张永芹 |
| 责任编辑 | 张永芹 张永文 |
| 封面设计 | 孙茵艾 |
| 出版发行 | 哈尔滨工业大学出版社 |
| 社　　址 | 哈尔滨市南岗区复华四道街 10 号　邮编 150006 |
| 传　　真 | 0451 – 86414749 |
| 网　　址 | http://hitpress.hit.edu.cn |
| 印　　刷 | 哈尔滨市石桥印务有限公司 |
| 开　　本 | 787mm×960mm　1/16　印张 6.75　字数 86 千字 |
| 版　　次 | 2015 年 2 月第 1 版　2015 年 2 月第 1 次印刷 |
| 书　　号 | ISBN 978-7-5603-5219-0 |
| 定　　价 | 18.00 元 |

(如因印装质量问题影响阅读,我社负责调换)

# 目录

第1章　国立莫斯科大学//1

数学力学系//1

计算数学与控制论系//1

口试//2

第2章　国立列宁格勒大学//3

数学力学系、应用数学管理系//3

经济系经济控制专业和国民经济计划专业、化学系、心理学系//3

地理系、地质系、经济系政治经济专业//4

第3章　国立喀山大学//5

数学力学系//5

计算数学与控制论系//5

物理系//6

第4章　国立新西伯利亚大学//7

数学力学系、物理系、经济系//7

自然科学系、地球地理地质系//7

第5章　国立远东大学//9

物理系　口试//9

第6章　莫斯科物理工程学院//10

（一）//10

（二）//10

（三）//11

第 7 章　莫斯科物理技术学院 // 12
（一） // 12
（二） // 13

第 8 章　莫斯科钢铁合金学院 // 14
半导体材料系 // 14
工艺系 // 14
黑色金属与合金冶金系 // 15
有色及稀有金属与合金冶金系 // 15
物理化学系 // 16

第 9 章　莫斯科电子技术学院 // 17
（一） // 17
（二） // 17

第 10 章　莫斯科航空学院 // 18
各公共技术系代数及分析基础考试 // 18
各公共技术系几何及三角考试 // 18
应用数学系 // 19

第 11 章　喀山航空学院 // 20
（一） // 20
（二） // 20

第 12 章　莫斯科航空工学院 // 21
笔试一 // 21
笔试二 // 21
口试一 // 22
口试二 // 22

第 13 章　莫斯科动力学院 // 23
（一） // 23
（二） // 23

第14章 莫斯科地质勘探学院 // 25
（一）// 25
（二）// 25

第15章 托姆自动控制系统与无线电电子技术学院 // 27
（一）// 27
（二）// 27

第16章 莫斯科建筑学院 // 28
口试一 // 28
口试二 // 28

第17章 莫斯科大地测量、空中摄影和制图工程学院 // 29
（一）// 29
（二）// 29
（三）// 30

第18章 国立莫斯科师范学院 // 31
（一）// 31
（二）// 31

第19章 国立列宁格勒师范学院 // 33
（一）// 33
（二）// 33

第20章 州立莫斯科师范学院 // 34
数学系 // 34
物理系 // 34

**附录 答案或提示 // 36**
第1章 国立莫斯科大学 // 36
数学力学系 // 36
计算数学与控制论系 // 39
口试 // 42
第2章 国立列宁格勒大学 // 43

数学力学系、应用数学管理系//43

经济系经济控制专业和国民经济计划专业、化学系、心理学系//45

地理系、地质系、经济系政治经济专业//45

第3章　国立喀山大学//46

数学力学系//46

计算数学与控制论系//46

物理系//46

第4章　国立新西伯利亚大学//47

数学力学系、物理系、经济系//47

自然科学系、地球物理地质系//48

第5章　国立远东大学//50

物理系　口试//50

第6章　莫斯科物理工程学院//51

(一)//51

(二)//53

(三)//54

第7章　莫斯科物理技术学院//55

(一)//55

(二)//57

第8章　莫斯科钢铁合金学院//61

半导体材料系//61

工艺系//63

黑色金属与合金冶金系//64

有色及稀有金属与合金冶金系//64

物理化学系//64

第9章　莫斯科电子技术学院//65

(一)//65

(二)//65

第 10 章　莫斯科航空学院 // 66

各公共技术系代数及分析基础考试 // 66

各公共技术系几何及三角考试 // 66

应用数学系 // 66

第 11 章　喀山航空学院 // 68

（一）// 68

（二）// 68

第 12 章　莫斯科航空工学院 // 69

笔试一 // 69

笔试二 // 69

口试一 // 69

口试二 // 70

第 13 章　莫斯科动力学院 // 71

（一）// 71

（二）// 71

第 14 章　莫斯科地质勘探学院 // 72

（一）// 72

（二）// 72

第 15 章　托姆自动控制系统与无线电电子技术学院 // 73

（一）// 73

（二）// 73

第 16 章　莫斯科建筑学院 // 74

口试一 // 74

口试二 // 74

第 17 章　莫斯科大地测量、空中摄影及制图工程学院 // 75

（一）// 75

（二）// 75

（二）// 75

第 18 章　国立莫斯科师范学院 // 76

（一） // 76

（二） // 76

第 19 章　国立列宁格勒师范学院 // 77

（一） // 77

（二） // 77

第 20 章　州立莫斯科师范学院 // 78

数学系 // 78

物理系 // 78

**编辑手记** // 79

# 第 1 章

## 国立莫斯科大学

### 数学力学系

1. 已知 $\sqrt{140\sqrt{2}-57} - \sqrt{40\sqrt{2}+57}$ 的差是整数,求这个整数.

2. 求方程
$$\int_0^\alpha \cos(x-\alpha^2)\,\mathrm{d}x = \sin\alpha$$
所有属于区间 $[2,3]$ 的解.

3. 在锐角三角形 $ABC$ 中,从顶点 $A$ 和 $C$ 向边 $BC$ 和 $AB$ 作高 $AP$ 和 $CQ$,已知 $\triangle ABC$ 的面积等于 18,$\triangle BPQ$ 的面积等于 2,线段 $PQ$ 的长等于 $2\sqrt{2}$,求 $\triangle ABC$ 外接圆的半径.

4. 求使不等式
$$\begin{cases} x^2+2xy-7y^2 \geq \dfrac{1-a}{a+1} \\ 3x^2+10xy-5y^2 \leq -2 \end{cases}$$
有解的参变数 $a$ 的所有数值.

5. 四面体 $A-BCD$ 的体积等于 5,通过棱 $AD$ 和 $BC$ 的中点作平面,交 $CD$ 棱于点 $M$,这时线段 $DM$ 的长与线段 $MC$ 的长之比等于 $\dfrac{2}{3}$,设从顶点 $A$ 到所给的平面的距离等于 1,求用所给平面截四面体所得的截面面积.

### 计算数学与控制论系

1. 解不等式
$$(x-1)\sqrt{x^2-x-2} \geq 0$$

2. 求函数
$$\sqrt{3}\cos\frac{x}{2} + \sin\frac{x}{2} - \frac{x-3}{2}$$
的诸极小值点.

3. 求以下直线的方程,这条直线通过坐标为 $(\frac{1}{2}, 2)$ 的点与函数 $y = -\frac{x^2}{2} + 2$ 的图像相切,并且与 $y = \sqrt{4-x^2}$ 的函数图像交于两个不同的点.

4. 集合 $A$ 由几个不同的自然数组成,集合 $A$ 中数的个数大于 $7$,$A$ 中所有数的最小公倍数等于 $210$,对于 $A$ 的任何两个数,它的最大公约数大于 $1$,$A$ 的所有数的乘积能被 $1\,920$ 整除,但又不是任何整数的平方,求组成 $A$ 的各个数.

5. 凸四边形 $ABCE$ 是棱锥 $A-BCEH$ 的底面,对角线 $BE$ 把凸四边形 $ABCE$ 分成两个等积的三角形,棱 $AB$ 的长等于 $1$,棱 $BC$ 和 $CE$ 的长相等,棱 $AH$ 和 $EH$ 的长的和等于 $\sqrt{2}$,棱锥的体积等于 $\frac{1}{6}$,求被包含在棱锥 $A-BCEH$ 中的所有球中间的具有最大体积的那个球的半径.

# 口试

1. 求函数 $f(x) = a\sin x - b\cos x$ 的最小值和最大值.

2. 在自然数范围内解方程
$$A_{x-3}^2 = C_{x+2}^3 + 20$$

3. 如果所有的角平分线的长都小于 $1$,证明:三角形的面积小于 $1$.

4. 证明不等式
$$3 < \pi < 4$$

5. 作函数
$$y = \log_{|\sin x|}\frac{1}{2}$$
的图像.

# 第 2 章

## 国立列宁格勒大学

### 数学力学系、应用数学管理系

1. 对于哪些 $a$ 和 $b$ 的值 $(a,b \in \mathbf{R}^{①})$，函数
$$f(x) = 2x^4 - a^2x^2 + b - 1$$
和
$$g(x) = 2ax^3 - 1$$
的图像仅有两个公共点？

2. 有多少个六位数，它们恰恰包含四个不同的数字？

3. 解方程 $(a \in \mathbf{R})$
$$1 + 2(\sin^2 2x - 2a\cos 2x + a)\tan^2 x - \cos 4x = 0$$

4. 正四棱锥相邻侧面之间的角等于 $\alpha$，底边长为 $a$，求与棱锥各侧面相切又与棱锥的外接球相切球的半径．

5. 求矢量 $\boldsymbol{a} = (x,y,z)$，它和矢量 $\boldsymbol{b} = (y,-2z,3x)$，$\boldsymbol{c} = (2z,3x,-y)$ 构成相等的角，并且 $\boldsymbol{a}$ 垂直于矢量 $\boldsymbol{d} = (1,-1,2)$，$|\boldsymbol{a}| = 2\sqrt{3}$，矢量 $\boldsymbol{a}$ 和轴 $O_y$ 之间的角是钝角．

### 经济系经济控制专业和国民经济计划专业、化学系、心理学系

1. 求以下平面图形的面积，它由函数 $y = 4x - x^2 + 1$ 的图像及此图像在横

---

① $\mathbf{R}$ 表示全体实数的集合，下同．

——编译者注

坐标 $x=0$ 和 $x=3$ 的点的两条切线所围成.

2. $(x^2-\dfrac{2}{x})^m$ 的展开式的前三项系数的和等于 97, 求展开式中含有 $x^4$ 的项.

3. 求方程
$$\sin\left(\dfrac{\pi}{4}+\dfrac{3}{2}x\right)=2\sin\left(\dfrac{3}{4}\pi+\dfrac{x}{2}\right)$$
属于区间 $[-\pi,\pi]$ 的解.

4. 三棱锥侧棱的长等于 $a,b,c$, 这些棱构成的面角是直角, 求棱锥垂于底面的高的长度.

5. 当 $a$ 和 $b(a,b\in\mathbf{R})$ 是什么数值时, 方程及不等式组
$$\begin{cases}3^{2(x-y)}-6\times 3^{-2x}-3^{-y}>0\\ ax+by=5\end{cases}$$
有解?

# 地理系、地质系、经济系政治经济专业

1. 求函数 $f(x)=(x-1)^2\sqrt{x^2-2x+3}$ 在区间 $[0,3]$ 上的极值以及最大值和最小值.

2. 解不等式
$$\log_{\frac{1}{2}}\dfrac{x^2+6x+9}{2(x+1)}+\log_2(x+1)<0$$

3. 求如下三个数, 如果它们组成等比数列, 并且它们的和等于 35, 它们的平方和等于 525.

4. 解方程
$$2^{\frac{\sin x+\sin 3x-\sin 4x}{(1-\cos x)(1-\cos 3x)}}=\left(\dfrac{1}{4}\right)^{\tan x\cdot(1+\tan^2 x)-1}$$

5. 求边长为 $a$ 的正六边形围绕其一边旋转所获得的旋转体的体积.

# 第 3 章

## 国立喀山大学

### 数学力学系

1. 解方程
$$2\sin 6x = \tan 2x - 2\sin 2x$$

2. 求矢量 $p$ 的坐标,已知它与矢量 $q = (3, -4)$ 共线,并且矢量 $p$ 和轴 $Ox$ 成钝角, $|p| = 10$.

3. 棱锥的底面是一个等腰三角形,三角形的腰等于 $a$,顶角等于 $\alpha$,所有的侧面对底平面的倾角为 $\beta$,求棱锥的体积.

4. 在坐标平面上作出以下点集,这些点的坐标满足不等式
$$\log_{1+y}(1 + \sin x) > 1$$

### 计算数学与控制论系

1. 解方程
$$2\sin^2\left(x - \frac{\pi}{4}\right) = 2\sin^2 x - \tan x$$

2. 解不等式
$$|3^x - 3| + 9^x - 3 > 0$$

3. 一个直平行六面体内接于一个高为 $H$ 和底边为 $a$ 的正四棱锥中,平行六面体的底面是边长为 $b$ 的正方形,它的下底面在棱锥的底面上,而上底面的各顶点在棱锥的侧棱上,当 $b$ 是什么值时,内接平行六面体的体积为最大? 求 $b$ 取此值时它的体积.

4. 路上放着一些相互距离为 10 m 的路杆,一个工人从最边缘一棵的路杆开始,一棵棵地把所有的路杆搬到最边缘另一棵的路杆那边去,为此这个工人

总共需要走完 1.44 km 的路程,问在路上放着多少棵路杆？

## 物理系

1. 解方程
$$\sin x - \frac{|2\cos x - 1|}{2\cos x - 1}\sin^2 x = \sin^2 x$$

2. 解方程组
$$\begin{cases} \dfrac{x^2}{y} + \dfrac{y^2}{x} = 28 \\ \log_9 x - \log_{\frac{1}{9}} y = \dfrac{3}{2} \end{cases}$$

3. 在曲线 $y = x^3 - 3x^2 + 2$ 上求出这样的一些点,这些点上的切线与直线 $y = 3x$ 平行.

4. 正四棱锥的侧面之间的二面角等于 $\alpha$,而底面的边等于 $a$,求棱锥的体积.

# 第 4 章
## 国立新西伯利亚大学

### 数学力学系、物理系、经济系

1. 一汽车匀速行驶,然后以 2 m/s² 的匀减速度开始刹车并停了下来,已知在停车前的最后 5 s 汽车驶过前面 10 s 内所走过距离的 $\frac{1}{7}$,求汽车的初速度.

2. 解方程
$$\frac{\sin x + \sin 3x}{\sqrt{2} |\cos x|} = \sin 2x + \cos 2x$$

3. 已知半径为 3 和 1 的两个圆在一平面上,两个圆的圆心距离为 $2\sqrt{2}$,直线 $l$ 是这两个圆的公切线,一个三角形它的三个顶点分别是两个切点及两圆交点中距 $l$ 最近的一个,求这个三角形的面积.

4. 求对于参变数 $a$ 的哪些实数值,使得不等式 $\log_x(5x^2 - 8x + 3) > 2$ 的所有的解同时是不等式 $x^2 - 2x - a^4 + 1 \geq 0$ 的解.

5. 正四棱台 $ABCDA'B'C'D'$ 中,下底面 $ABCD$ 是边长为 3 的正方形,上底面 $A'B'C'D'$ 是边长为 1 的正方形,侧棱 $AA'$、$BB'$、$CC'$、$DD'$ 的长为 3,点 $M$ 是棱 $C'D'$ 的中点,过点 $M$ 引直线,与直线 $AA'$ 和 $BC$ 在点 $P$ 和 $Q$ 相交,求线段 $PQ$ 的长.

### 自然科学系、地球地理地质系

1. 解方程组
$$\begin{cases} 2x^2 + y^2 + 3xy = 12 \\ (x+y)^2 - \frac{1}{2}y^2 = 7 \end{cases}$$

2. 解方程
$$1 - \cos 3x \cot x = \sin 3x$$

3. 在 $\triangle ABC$ 中，在 $AB$ 边上以如下的方式取点 $D$，使线段 $BD$ 的长是线段 $AD$ 长的 4 倍，点 $O_1$ 和 $O_2$ 是 $\triangle ACD$ 和 $\triangle BCD$ 外接圆的圆心，已知直线 $O_1O_2$ 平行于直线 $BC$，问直线 $O_1O_2$ 按什么比例把 $\triangle ABC$ 的面积分成两部分？

4. 解不等式
$$\log_2\left(1 + \frac{1}{x}\right) + \log_{\frac{1}{2}}\left(1 + \frac{x}{4}\right) \geq 1$$

5. 已知底为 $ABCD$ 和侧棱 $AA', BB', CC', DD'$ 的立方体，点 $N$ 是棱 $AB$ 的中点，点 $M$ 是棱 $BB'$ 的中点，点 $O$ 是面 $BCC'B'$ 的对角线的交点，过点 $O$ 作直线，此直线分别与直线 $AM$ 和 $CN$ 交于点 $P$ 和 $Q$，如果已知立方体的棱长为 1，求线段 $PQ$ 的长.

# 第 5 章

## 国立远东大学

### 物理系　口试

1. 解方程
$$(\sqrt[3]{x})^{(\log_x 11)-2} = 11$$

2. 解不等式
$$\log_{x-3}(x-1) < 2$$

3. 由数字 0,1,3,4,5 可以组成多少个没有重复数目的不同的五位奇数?

4. 如果电话号码由五个数目字组成,问有多少个含有组合 12 的电话号码?

5. 求函数
$$y = \cos^2 x + \cos x + 3$$
的最大值和最小值.

6. 求底面为正方形容量为 32 m³ 的露天水池的大小,使得用来砌水库底部和墙的镶面材料花费最少.

7. 计算图形面积,此图形由 $y = -3x^2 - |x| + 3, y = 0$ 所围成.

8. 两个工人共同工作,可以在 4 h 内完成任务.若两人都单独工作,甲可以比乙早 6 h 完成,问若单独工作,甲,乙各需多少时间可以完成任务?

9. 求三棱锥的高 $h$,设棱锥侧棱的长等于 $a,b,c$,而顶角的所有面角都是直角.

10. 正三棱锥有一外接球,此正三棱锥顶点上的面角为 $\alpha$,求此球体积与棱锥体积之比.

# 第 6 章

# 莫斯科物理工程学院

## (一)

1. 海水按质量计算含盐 5%,问需要把多少淡水加入 30 kg 的海水中,才能使盐的浓度(按质量计算)到达 $P$ %?

2. 棱锥 $S-ABCD$ 的底面是一个矩形 $ABCD$,$AB \mathbin{/\mkern-6mu/} CD$,$BC \mathbin{/\mkern-6mu/} AD$,$|AB|=3$,$|BC|=4$,棱锥所有的侧棱与底面构成相等的角,设棱锥外接球半径为 6.5,求直线 $BS$ 与 $CS$ 之间夹角的大小.

3. 求以下图形的面积,它由直线 $y=-8x-46$ 及抛物线 $y=4x^2+ax+2$ 所围成,已知抛物线在点 $x=-5$ 处的切线与 $O_x$ 轴的平角为 $\pi-\arctan 20$.

4. 解方程
$$\cos 5x \tan 6|x| + \sin 5x = 0$$

## (二)

1. 求所有除以 3 余 2 的三位自然数之和.

2. 棱锥 $S-ABC$ 底面为一等腰三角形 $ABC$,$|AB|=|AC|=a$,$\angle ABC=\varphi$,直线 $AS$ 与棱锥底平面构成的角的角度为 $\alpha$,侧面 $BSC$ 与棱锥底面构成的角度为 $\beta$,$\angle SAC = \angle SAB$,求棱锥 $K-SLC$ 的体积,已知点 $K$ 与点 $L$ 分别在棱 $AS$ 及 $BS$ 上,$\triangle KSL$ 与 $\triangle ABS$ 的面积比为 $4:25$.

3. 解方程
$$\begin{cases} \log_{\frac{1}{3}}(x+y) + \log_3(x-y) = 2 \\ 2^{y^2} = 512^{x+1} \end{cases}$$

4. 求函数 $y = 2\sin^2 \dfrac{x}{6} + \sin \dfrac{x}{3} - \dfrac{x}{3}$ 的驻点,这些驻点的坐标满足不等

式 $x^2 - 10 < -19 \cdot 5x$.

## （三）

1. 需要利用两个管子汲出 1 000 L 水，两个不同截面的管子 1 h 内可汲出 $V$ L 水，甲管汲出 500 L，然后其余的水全部由乙管汲出，整个工作于 $t$ h 内完成，问两个管子 1 h 内各可以抽出多少升水？

2. 在正三棱锥 $S-ABC$ 中底面 $ABC$ 的边长为 $a$，棱锥顶点的面角为 $\alpha$，通过顶点 $S$，平行于棱 $AB$ 作一截面，此截面与底面 $ABC$ 构成角 $\gamma$，求截面面积.

3. 求图形面积，此图形由曲线

$$3y = -x^2 + 8x - 7, \quad y + 1 = \frac{4}{x-3}$$

所围成.

4. 解方程

$$\log_{\frac{1}{10}} \sin 2x + \lg \cos x - \lg 7 = 0$$

# 第7章

## 莫斯科物理技术学院

### (一)

1. 解方程
$$3^{\cos 2x} \times (4 \times 3^{\sin^2 x} - 9) = 1$$

2. 解不等式
$$\sqrt{\log_3(9x+18)} \leq \log_3(x+2)$$

3. 在 $\triangle ABC$ 中，角 $B$ 为直角，中线 $AD$ 与 $BE$ 互相垂直，求角 $C$ 的大小.

4. 解方程组
$$\begin{cases} 6\cos x + 4\cos y = 5 \\ 3\sin x + 2\sin y = 0 \end{cases}$$

5. 沿河有 $A,B,C$ 站（$B$ 位于 $A$ 与 $C$ 之间），河在 $AB$ 段的流速是 $BC$ 段流速的 2 倍，各段之中的流速不变. 汽艇走了三个航程：第一次从 $A$ 到 $C$，第二次从 $C$ 到 $A$，第三次从 $A$ 到 $B$，在前两个航程中，汽艇相对于水的速度相等，在第三个航程中为前两次速度的 $1\frac{1}{4}$ 倍，第一个航程延续了 7 h，第三个航程为 2 h，若 $AB$ 段上的流速与 $BC$ 段上的流速相同，则第一个航程汽艇可于 6 h 内走完（相对于水的速度如前）求第二个航程延续的时间（航程为从起点站到终点站单程一次的航行）.

6. 正棱柱 $ABCA_1B_1C_1$，顶点 $A$ 与圆锥顶点重合，棱柱顶点 $B$ 和 $C$ 在这个圆锥的侧表面上，而顶点 $B_1$ 和 $C_1$ 在它的底面圆周上，设 $|AB_1|:|AB|=5$，求圆锥体积与棱柱体积之比.

## （二）

1. 解不等式

$$3 \times 9^{\frac{3x^2+2}{x}} - 27^{2x} > 0$$

2. 验证：在 $\arccos \frac{1}{\sqrt{3}} + \frac{\pi n}{2} (n \in \mathbf{Z}^{①})$ 诸数中哪些是方程

$$\frac{\sqrt{3}}{\sin x} + \frac{1}{\cos 2x} = 6$$

的解？

3. 在二项式 $(1+x)^n$ 按 $x$ 的升幂排列的展开式中，第三个被加项是第五个被加项的 4 倍，而第四个被加项与第六个被加项之比为 $\frac{40}{3}$，求 $n$ 与 $x$.

4. 梯形 $ABCD$ 内接于一个圆，通过顶点 $A$ 的直径垂于腰 $CD$，通过顶点 $C$ 作一条垂于底边 $AD$ 的直线，此垂线与线段 $AD$ 相交于点 $M$，与圆周相交于点 $N$，使 $|CM|:|MN| = \frac{5}{2}$，求梯形底角大小.

5. 平行四边形 $ABCD$ 顶点 $B,C,D$ 相应的坐标分别为 $(-3,2),(2,3)$，$(3,-4)$，$BD$ 为对角线，求：

（1）$a$ 的所有值，对于这些值，顶点 $A$ 的坐标是以下不等式组的解

$$\begin{cases} 2x - y - 2a \leq 0 \\ 2x + 6y + 5a \leq 0 \end{cases}$$

（2）$a$ 的所有值，对于这些值，线段 $BD$ 至少有一个点的坐标是该不等式组的一个解.

6. 立方体 $ABCDA_1B_1C_1D_1$ 的棱长为 $a$，点 $P$ 为 $CC_1$ 的中点，点 $Q$ 是 $AA_1B_1B$ 的中心，两端分别在直线 $AD$ 和 $A_1B_1$ 上的线段 $MN$ 与直线 $PQ$ 垂直相交，求这个线段的长.

---

① **Z** 表示全体整数的集合，下同.

——编译者注

# 第8章
# 莫斯科钢铁合金学院

## 半导体材料系

1. 求函数的定义域
$$y = \sqrt{\log_{0.5}(3x-8) - \log_{0.5}(x^2+4)}$$

2. 解三角方程
$$\frac{1}{1+\cot x} + \frac{1}{\sqrt{2}}\cos\left(x-\frac{\pi}{4}\right) = \frac{1-\cot x}{2(1+\cot x)}$$

3. 求下面曲线的公切线方程
$$y = x^2 + 4x + 8, \quad y = x^2 + 8x + 4$$

4. 求数列
$$x_n = \frac{1}{2\times 3\times 4\times 5} + \frac{1}{3\times 4\times 5\times 6} + \cdots + \frac{1}{n(n+1)(n+2)(n+3)}$$
$$= \sum_{k=2}^{n}\frac{1}{k(k+1)(k+2)(k+3)}$$

的极限.

5. 点 $A(1,2,3), B(1,5,3), C(3,3,3)$ 位于圆柱下底面的圆周上,而点 $D(2,3,7)$ 在圆柱的上底面上,求两个底面圆心的坐标及圆柱体体积.

## 工艺系

1. 解方程
$$\tan x - \sin^2 5x = \cos^2 5x$$
在区间 $[0,\pi]$ 上求使得 $\tan x > 1$ 的 $x$ 的值.

2. 求图形的面积,此图形由曲线 $y = x^2, y = 2\sqrt{2}x$ 所围成.

3. 解方程
$$4^{\frac{2}{x}} - 5 \times 4^{\frac{1}{x}} + 4 = 0$$

4. 三棱柱 $ABCA_1B_1C_1$ 的所有棱均为 $a$,在顶点 $A$ 上的面角为 $\alpha$,求 $BC_1$ 及 $AC$ 之间角的大小及棱柱的全面积.

5. 三角形两边之和为 $a$,此两边夹角为 $30°$,问此两边长各为多少才能使三角形有最大面积?

## 黑色金属与合金冶金系

1. 解方程
$$3x - \sqrt{18x+1} + 1 = 0$$

2. 解不等式
$$\sqrt{x} - 3 \leqslant \frac{2}{\sqrt{x} - 2}$$

3. 解方程
$$\frac{1}{\sin^2 x} - \cot x = 3$$

4. 求 $\lim\limits_{x \to \frac{\pi}{3}} \dfrac{\tan^3 x - 3\tan x}{\cos(x + \frac{\pi}{6})}$.

5. 求两平面的夹角,一平面通过点 $A(0,0,0), B(1,1,1), C(3,2,1)$,另一平面通过点 $A(0,0,0), B(1,1,1), D(3,1,2)$.

## 有色及稀有金属与合金冶金系

1. 解不等式
$$\log_{\frac{1}{5}}(2x+5) - \log_{\frac{1}{6}}(16 - x^2) \leqslant 1$$

2. 解方程
$$(1 + \tan^2 x)(1 + \sin 2x) = 1$$

3. 求 $\lim\limits_{x \to \frac{\pi}{3}} \dfrac{\sin(x - \frac{\pi}{3})}{1 - 2\cos x}$.

4. 求图形面积,此图形由曲线 $y = 2^x, y = 4^x$ 及直线 $x = 1$ 所围成.

5. 在空间中已知三个矢量 $\overrightarrow{AB}, \overrightarrow{AC}, \overrightarrow{AD}$，此三矢量相互间构成相等的角度为 $\dfrac{\pi}{3}$，棱锥 $ABCD$ 的体积为 10，设 $|AB|:|AC|:|AD|=1:2:3$，求矢量 $\overrightarrow{AB}, \overrightarrow{AC}$ 及 $\overrightarrow{AD}$ 之长.

## 物理化学系

1. 解不等式
$$\log_{0.26}\dfrac{35-x^2}{x} \geqslant -\dfrac{1}{2}$$

2. 解方程
$$\left(\cos\dfrac{\pi}{4}-\sin\dfrac{\pi}{6}\right)\left(\dfrac{1}{\cos x}+\tan x\right)=\sin\dfrac{\pi}{4}\cdot\cos x$$

3. 求函数 $y=x^2(2x-3)-12(3x-2)$ 在 $[-3,6]$ 上的最大值与最小值.

4. 在 $\triangle ABC$ 中，已知 $A(-1,2,3)$ 为直角的顶点，已知点 $B$ 和 $C$ 位于直线 $MN$ 上，其中 $M(-1,3,2), N(1,1,3), \angle ABC=30°$，求顶点 $B$ 和 $C$ 的坐标.

5. 作出函数 $f$ 的图像，设
$$f(x)=\lim_{n\to\infty}\dfrac{x^n-x^{-n}}{x^n+x^{-n}} \quad x>0$$

# 第 9 章
## 莫斯科电子技术学院

### (一)

1. 解方程
$$\sin^4 x - \cos^4 x = \cos x$$

2. 解方程
$$32^{\frac{x+5}{x-7}} = 0.25 \times 128^{\frac{x+17}{x-3}}$$

3. 计算图形面积,此图形由函数 $y = 4 - x^2$, $y = x^2 - 2x$ 的图像所围成.

4. 在等腰梯形中,小底及腰均为 $a$,求大底 $b$ 为多长才能使梯形面积为最大.

5. 已知三个非零矢量 $a, b, c$,其中任意两个矢量都不是共线矢量,设矢量 $a + b$ 与矢量 $c$ 共线,矢量 $b + c$ 和矢量 $a$ 共线,求这三个矢量的和.

### (二)

1. 解方程
$$\sin^4 x + \cos^4 x = \sin x \cdot \cos x$$

2. 解方程
$$(0.4)^{\lg 2x + 1} = (6.25)^{2 - \lg x^3}$$

3. 计算图形面积,此图形由函数 $y = \sqrt{x}$, $y = \sqrt{4 - 3x}$, $y = 0$ 的图像所围成.

4. 平面上有一点 $M(\frac{1}{2}, 1)$,通过此点的直线与各坐标轴的正半轴构成一三角形,求这个三角形的面积可取的最小值.

5. 矢量 $a, b, c$ 具有相等的长度,其中每两个矢量又都构成等角,设 $a = i + j$, $b = j + h$,求矢量 $c$ 的坐标.

# 第 10 章

## 莫斯科航空学院

### 各公共技术系代数及分析基础考试

1. 叙述指数函数的定义，阐述并证明函数 $y=a^x, a>1$ 的性质.

2. 解方程
$$\sqrt{x+4}+\sqrt{2x+6}=7$$

3. 哪些点叫作一个函数的驻点？函数的极值点与驻点之间有什么联系？研究函数 $y=2x^3-9x^2+12x$ 的单调性及极值，作出图形.

4. 解不等式
$$\log_2 \frac{x^2-4x+2}{x+1} \leq 1$$

5. $a$ 为何值时，方程 $(a^2+1)x^2-2ax-3=0$ 的两个根 $x_1$ 和 $x_2$ 满足不等式 $|x_2|<x_1(1-x_2)$，并且根 $x_1$ 为正的真分数？

### 各公共技术系几何及三角考试

1. 证明梯形的中位线定理.

2. 叙述两个非零向量的数量积的定义，写出数量积坐标公式. 计算向量 $c$ 的坐标，向量 $c$ 垂直于向量 $a=2j-k$ 及 $b=-i+2j-3k$ 并与轴 $Oy$ 构成钝角，$|c|=\sqrt{7}$.

3. 解方程
$$\sin^3 x + \cos^3 x = \cos^2 x - \sin^2 x$$

4. 一等腰梯形底角为 $60°$，面积为 $2\ \mathrm{dm}^2$，求最小周长的梯形的高，计算出这个周长.

5. 直平行六面体的底面为一具有锐角 $2\beta$ 的菱形，其高为 $h$，平行六面体的一条对角线与一个侧面构成角 $\varphi$，求平行六面体的体积.

## 应用数学系

1. 解不等式
$$\log_3 \frac{x+4}{x-2} - \log_3 \frac{4x+11}{4x+1} < 1$$

2. 等式 $f(x) = \frac{\sqrt{1-x^2}}{x}$ 给出函数 $f$，求方程 $f(\sin\varphi) = \frac{\sqrt{3}}{3}$，$\varphi \in [0,\pi]$ 的各解.

3. 曲边梯形由曲线 $y = x^2 + 1$ 及直线 $y=0, x=1, x=2$ 所围成，应该通过曲线 $y = x^2 - 1, x \in [1,2]$ 上的哪一点作切线，使此切线能从曲边梯形上切出一个最大面积的普通梯形，并作图.

4. 由三棱锥各顶点的坐标 $A(3,0,1), B(-1,4,1), C(5,2,3), D(0,-5,4)$ 知此三棱锥，点 $O$ 为 $\triangle BCD$ 各边中线的交点，计算矢量 $\overrightarrow{AO}$ 的长.

5. 当参变数 $a$ 为哪些值时，不等式 $(a-2)x + 3(a^2+1) > x + a$ 的解集 $M$ 与不等式 $2ax < (a+1)x - 1$ 的解集 $N$ 相交？对于每一个 $a < 0$，求 $M \cap N$.

# 第 11 章
## 喀山航空学院

### (一)

1. 一正四棱锥的底面边长为 $a$,侧面之间的二面角为 $\alpha$,求此棱锥的体积.
2. 解方程
$$\frac{3}{2}\log_{\frac{1}{4}}(x+2)^2 - 3 = \log_{\frac{1}{4}}(4-x)^3 + \log_{\frac{1}{4}}(x+6)^3$$
3. 解方程
$$\sin x + \sin 2x + \cos x + \cos 2x + 1 = 0$$
4. 研究函数 $y = \dfrac{(x-2)^2(x+4)}{4}$ 的极值.
5. 矢量 $\overrightarrow{AB} = -3\boldsymbol{i} + 4\boldsymbol{k}$ 及 $\overrightarrow{AC} = 5\boldsymbol{i} - 2\boldsymbol{j} + 4\boldsymbol{k}$ 为 $\triangle ABC$ 的两边,求中线 $AM$ 的长.

### (二)

1. 棱锥底面是一个直角三角形,此三角形面积为 $S$,棱锥的侧棱都相互相等,其底面两直角边上的二面角分别为 $\alpha$ 和 $\beta$,求棱锥的体积.
2. 解不等式
$$\log_{x-2}\frac{x+6}{x+1} < 1$$
3. 解方程
$$\sin\left(\frac{\pi}{4} + x\right) - \sin\left(\frac{\pi}{4} - x\right) = \frac{\sqrt{2}}{4}\left(\tan\frac{x}{2} + \cot\frac{x}{2}\right)$$
4. 在函数 $y = x^2 - 7x + 3$ 的图像上求一点,图像在此点的切线平行于直线 $y = -5x + 3$.
5. 求图形面积,此图形由曲线 $y = x^2$, $y = \dfrac{1}{x}$, $y = 0$, $x = 2$ 所围成.

# 第 12 章

## 莫斯科航空工学院

### 笔试一

1. 证明恒等式
$$\tan 4\alpha + \sec 4\alpha = \frac{\cos 2\alpha + \sin 2\alpha}{\cos 2\alpha - \sin 2\alpha}$$

2. 解方程
$$2x^2 + 3x - 5\sqrt{2x^2 + 3x + 9} + 3 = 0$$

3. 一个三角形,已知其一边为 $a$,此边上的角为 $\beta$ 与 $\gamma$,求围绕该边旋转三角形所得的旋转体的体积.

4. 解方程
$$\sin 5x \cdot \cos 3x = \sin 6x \cdot \cos 2x$$

5. 求外切于半径为 $R$ 球的最小体积的圆锥.

### 笔试二

1. 证明恒等式
$$\frac{\cos 4\alpha + 1}{\cot \alpha - \tan \alpha} = \frac{1}{2} \sin 4\alpha$$

2. 解方程
$$\log_2 (x-1)^2 - \log_{0.5}(x-1) = 9$$

3. 棱锥的底面是一个长方形,其面积为 $S$,两个相对的面对底平面的倾角为 $\alpha$,而另外两个相对的面对底平面的倾角为 $\beta$,求侧面积.

4. 解方程
$$\cos 2x + \sin 2x = \cos x + \sin x$$

5. 函数 $f(x) = -x^3 - x^2 - 7x - \sqrt{3}$ 在哪些部分是单调递增的.

## 口试一

1. 直线和平面平行的特征(证明).
2. 解方程
$$\sqrt{x} - \sqrt{x+3} = 1$$
3. 阐明函数 $f(x) = 2x + \dfrac{2}{x}$ 在哪些区域内是单调递减的?
4. 解不等式
$$4^x - 5 \times 2^x + 1 > 0$$
5. 作以下函数的图像
$$y = \frac{2|x| + 5}{x - 3}$$

## 口试二

1. 收敛序列极限的唯一性定理.
2. 计算
$$\tan\left(\frac{5\pi}{2} + \arcsin\frac{2}{3}\right)$$
3. 证明:函数 $y = \dfrac{1}{4}x^4 - \dfrac{1}{x} + 2$ 在 $x > 0$ 时单调递增.
4. 解方程
$$6\cos^2 x + 11\sin x - 10 = 0$$
5. 作函数 $y = \log_x \sqrt{x}$ 的图像.

# 第 13 章

## 莫斯科动力学院

### (一)

1. 化简表达式

$$\left(\frac{(x^2-4)^{-2}+(x+2)^{-2}-(x-2)^{-2}}{1-8x}\right)^{-1}-(4\sqrt[3]{4})^{\log_4 x^3}-16$$

并求出当 $x \to \frac{1}{8}$ 时此表达式的极限.

2. 解方程

$$\begin{cases}(3y^2+1)\log_3 x = 1 \\ x^{2y^2+10}=27\end{cases}$$

3. 无穷递缩等比数列之和为函数 $f(x)=3x^3-x-76$ 在区间 $[0,3]$ 上的最大值,此数列的第一项为其公比的平方,求数列的公比.

4. 求满足方程

$$\sin^4\frac{x}{2}+\sin^4\left(\frac{x}{2}+\frac{7}{2}\pi\right)=\sin\frac{5}{6}\pi$$

并在区间 $\left[-\frac{\pi}{2},2\pi\right]$ 上 $x$ 的所有的值.

5. 通过立方体 $ABCDA_1B_1C_1D_1$ 的顶点 $C_1$ 作一平面,此平面切割棱 $BC$ 与 $CD$ 并与 $ABCD$ 面构成角 $\alpha$,并且在截面上得到一个等腰三角形,如果立方体棱长为 $a$,求截面面积(考察各种可能的情况).

### (二)

1. 化简 $f(x)$ 的表达式,求 $f'(x)$,设

$$f(x) = \left(\frac{\sqrt{x-2}}{\sqrt{x+2}+\sqrt{x-2}} + \frac{x-2}{\sqrt{x^2-4}-x+2}\right)^{-3} \cdot \left(\frac{x-1}{2(\sqrt{x}+1)} + 1\right) \cdot \frac{2}{\sqrt{x}+1}$$

2. 求函数
$$f(x) = \lg\left(\sqrt{8^{-2+\lg x}} - \sqrt[3]{4^{2-\lg x}}\right)$$
的定义域.

3. 如果减数为被减数的平方的两倍,求被减数是多少时,差将是最大.

4. 求满足方程
$$(1 - \cos 2x) \cdot \sin 2x = \sqrt{3}\sin^2 x$$
并在区间 $[-\pi, \frac{\pi}{3}]$ 上 $x$ 的所有的值.

5. 直角梯形 ABCD 面积为 S,高 AB 长为 h,梯形锐角 ABC 为 α,在腰 CD 上取一点 E,使|CE| = |ED|,求围绕直线 AB 旋转四边形 ABED 所得的旋转体的体积.

# 第14章

## 莫斯科地质勘探学院

### (一)

1. 如果拖拉机耕 1 km² 地比马耕 1 km² 地快 3 h,并且 12 h 内拖拉机比马多耕 2 km² 地,问 12 h 内马耕多少平方千米地,拖拉机耕多少平方千米地?

2. 已知函数 $2xy = 16 + x^2$,要求:
(1) 利用导数来研究这个函数并作图;
(2) 求图形面积,此图形由这个函数的图像及直线 $y = 5$ 所围成.

3. 棱锥底面为一直角三角形,其周长为 $p$,锐角为 $\alpha$,棱锥侧棱向底平面倾斜角度为 $\varphi$,求棱锥的体积.

4. 解方程
$$\sin^4 x - \cos^4 x = \sin^8 x - \cos^8 x$$

### (二)

1. 摩托车经过的路途由三段连续的路程组成. 全程上的平均速度为第二段路程上的速度,第一段路程上的速度比全程平均速度小 2 km/h,第三段路程上的速度比全程平均速度乘以 2 要小 15 km/h,第一段路程之长是第三段路程长的 6 倍,求摩托车的速度.

2. 已知函数 $y = -1 + 8x^2 - x^4$,要求:
(1) 利用导数来研究此函数并作图;
(2) 求图形面积,此图形由这个函数图像及直线 $y = 15, x = 1 (x \geqslant 1)$ 所围成.

3. 棱锥底面是腰长为 $a$,顶角为 $\alpha$ 的等腰三角形,从顶角 $\alpha$ 的顶点引出的侧棱与底平面构成角 $\varphi$,并且它的每个侧棱都垂直于底面上与它相对的边,求棱锥的体积.

4. 解方程

$$\tan\left(\frac{\pi}{4}+x\right)=\tan 2x+2$$

# 第 15 章
## 托姆自动控制系统与无线电电子技术学院

### （一）

1. 求函数 $y=2x^3-6x^2-18x+7$ 的极值.
2. 解方程
$$\cos^2 x+\cos^2 2x-\cos^2 3x-\cos^2 4x=0$$
3. 解不等式
$$\frac{3x^2-16x+21}{\log_{0.3}(x^2+4)}<0$$
4. 求正三棱锥的全面积,已知其体积为 $V$,侧面对底平面的倾角为 $\alpha$.

### （二）

1. 把数 36 分解成为两个非负因数,使这两个因数的平方和为最小.
2. 计算

设 $\tan\alpha=-\dfrac{3}{4},\dfrac{3}{2}\pi<\alpha<2\pi$ $\dfrac{\sin\left(\dfrac{\pi}{3}-\alpha\right)}{}$

3. 解方程
$$x^{\frac{\lg x+7}{4}}=10^{\lg x+1}$$
4. 棱锥底面为一菱形,此菱形的边长为 $a$,锐角为 $\alpha$,底面的任一二面角均为 $\varphi$,求此棱锥的内切球的体积.

# 第 16 章

## 莫斯科建筑学院

### 口试一

1. 函数 $y = \sin x$，$y = \cos x$，$y = \tan x$ 的导数.

2. 已知 $\tan \alpha + \cot \alpha = m$，求：

（1）$\tan^2 \alpha + \cot^2 \alpha$.

（2）$\tan^3 \alpha + \cot^3 \alpha$.

（3）$\tan \alpha - \cot \alpha$.

3. 半径为 $a$ 的四个圆周的圆心分别在边长为 $a$ 的正方形的各顶点上，求用这四个圆周的弧在正方形内构成的图形面积.

### 口试二

1. 图形旋转体的体积.

2. 求极限

$$\lim_{x \to 2} \frac{2^x + 2^{3-x} - 6}{\sqrt{2^{-x} - 2^{1-x}}}$$

3. 高为 5 m 的塑像竖立在一底座上，底座高 6 m，高（至眼睛）为 1.6 m 的人应站在多远的距离才能使看塑像时视角为最大？

# 第 17 章

# 莫斯科大地测量、空中摄影和制图工程学院

## (一)

1. 解方程
$$3^{2-x} = 3^x - 8$$

2. 不查表，计算
$$\cos^4 \frac{\pi}{8} + 13\cos^2 \frac{\pi}{4} + \cos^4 \frac{3\pi}{8} + \cos^4 \frac{5\pi}{8} + \cos^4 \frac{7\pi}{8}$$

3. 解不等式
$$\frac{(x-1)(x-2)(x-3)}{(x+1)(x+2)(x+3)} > 1$$

4. 解不等式 $f'(x) \leq g'(x)$，设 $f(x) = \frac{2}{3}, g(x) = x - x^3$.

5. 已知四个点 $A(-2,-3,8), B(2,1,7), C(1,4,5), D(-7,-4,7)$，验证矢量 $\overrightarrow{AB}$ 和 $\overrightarrow{CD}$ 共线.

## (二)

1. 解方程
$$4^{x+\sqrt{x^2-2}} - 5 \times 2^{x-1+\sqrt{x^2-2}} = 6$$

2. 解方程
$$\sin^2 x = \sin 3x + \cos x(\cos x - 1)$$

3. 解不等式
$$\left| \frac{3x}{x^2-4} \right| \leq 1$$

4. 当 $z$ 为何值时，矢量 $\boldsymbol{a}=(6,0,12)$ 与矢量 $\boldsymbol{b}=(-8,13,z)$ 垂直.

5. 计算图形的面积，此图形由以下各线所围成
$$y=\frac{1}{\cos^2 x},\ y=0,\ x=0,\ x=\frac{\pi}{4}$$

## (三)

1. 解方程
$$7^{\lg x}=98-x^{\lg 7}$$

2. 解方程
$$2+\cos 4x=2\sin^2 x$$

3. 解不等式
$$\left|\frac{x^2-5x+4}{x^2-4}\right|<1$$

4. 当 $z$ 为何值时，矢量 $\boldsymbol{a}=(2,-3,4)$ 与 $\boldsymbol{b}=(-3,2,z)$ 垂直.

5. 计算积分
$$\int_{3}^{-18}\sqrt[3]{2-\frac{x}{3}}\,\mathrm{d}x$$

# 第 18 章

## 国立莫斯科师范学院

### (一)

1. 容器中有 12 L 盐酸,倒出一部分盐酸后,再给容器补入同等数量的水,然后再倒出同等数量的混合液,再对容器补充同等数量的水,问每一次倒出多少升?设结果在容器中剩下 25% 的盐酸溶液.

2. 计算图形面积,此图形由曲线 $y = x^2 + 1, y = -x^2 + 3$ 所围成.

3. 证明恒等式

$$\cos^2 x + \cos^2\left(\frac{\pi}{3} + x\right) + \cos^2\left(\frac{\pi}{3} - x\right) = \frac{3}{2}$$

4. 证明:点 $A(1, -1, 1), B(1, 3, 1), C(4, 3, 1), D(4, -1, 1)$ 为矩形的各顶点,计算此矩形对角线之长及对角线交点的坐标.

5. 正四棱锥被一平面所截,此平面通过底面的一条边并垂直于与它相对的侧面,底面的边长为 $a$,侧面与底平面的夹角为 $60°$,计算截面面积.

### (二)

1. 如果一个两位数,被它的数字之和所除,得商数为 4,余数为 3,如果这个两位数用它的数字的乘积所除,则得商数为 3,余数为 5,求这个两位数.

2. 求图形面积,此图形由曲线 $y = x^3, y = \frac{1}{x}, x = 2$ 所围成.

3. 证明恒等式

$$\sin^2 x + \cos\left(\frac{\pi}{3} - x\right) \cdot \cos\left(\frac{\pi}{3} + x\right) = \frac{1}{4}$$

4. 证明:点 $A(2, 4, -4), B(1, 1, -3), C(-2, 0, 5), D(-1, 3, 4)$ 为平行四

边形的顶点,计算它的对角线之间夹角的大小.

5. 已知立方体 $ABCDA_1B_1C_1D_1$,$M$ 为棱 $AD$ 的中点,求平面 $(B,C,B_1)$ 及 $(B,C_1,M)$ 之间夹角的大小.

# 第 19 章
## 国立列宁格勒师范学院

### (一)

1. 化简
$$\frac{(\sqrt{x}-\sqrt{y})^3+y\sqrt{y}+2x^2\sqrt{x}}{x\sqrt{x}+y\sqrt{y}}+\frac{3\sqrt{xy}-3y}{x-y}$$

2. 求函数 $f(x)=\sqrt{\log_{x-2}(x^2-8x+15)}$ 的定义域.

3. 解方程
$$1.5\cot x+4\sin x\cdot\cos x=\frac{3}{2}\tan(-x)-7$$

4. 求函数 $f(x)=\dfrac{3-x^2}{x+2}$ 单调区间,并求函数的极值.

5. 求等腰直角三角形两条直角边上中线之间的夹角.

### (二)

1. 证明恒等式
$$\log_{\frac{1}{3}}[\cos^2(\alpha+\beta)+\cos^2(\alpha-\beta)-\cos 2\alpha\cdot\cos 2\beta]=0$$

2. 解方程
$$25^{2x-x^2+1}+9^{2x-x^2+1}=34\times15^{2x-x^2}$$

3. 解不等式
$$\left|\frac{2x-1}{x-1}\right|>2$$

4. 求图形面积,此图形由曲线 $y=4x-x^2$ 及 $y-x=0$ 所围成.

5. 一正四面体的棱长为 $C$,通过底面两棱的中点作一平面,此平面平行于与此两棱有公共顶点的侧棱,求截面面积.

# 第20章

## 州立莫斯科师范学院

### 数学系

1. 计算图形面积,此图形由曲线 $y=\dfrac{5}{x}, y=6-x$ 所围成.

2. 在梯形 $ABCD$ 的底边 $AB$ 和 $CD$ 上各作一正方形(在梯形之外),证明:联结正方形中心的直线通过梯形对角线交点.

3. 解不等式
$$\log_{x^2}(3-2x)>1$$

4. 解方程
$$2\cos x=\sqrt{2+\sin 2x}$$

5. 正四棱锥高和侧面构成 $30°$ 角,通过正四棱锥底面的一条边作一平面与所对的侧面垂直,求此平面截棱锥所得的多面体的体积之比.

### 物理系

1. 写出抛物线 $y=x^2-2x$ 在横坐标 $x_0=0.5$ 的点上的切线方程.

2. 在 $\triangle ABC$ 的 $AB$ 边上取点 $M$,使 $|AM|:|MB|=1:1$,如果 $|AC|=6$, $|BC|=4$, $\angle ACB=120°$,计算 $|CM|$.

3. 解不等式
$$\log_{\frac{1}{3}}\dfrac{3x-1}{2x+1}>0$$

4. 解方程
$$\tan x+\dfrac{\cos x}{1+\sin x}=2$$

5. 正四棱锥的底边为 $a$,高为 $2a$,一截面通过两条相邻底边的中点及棱柱的对称中心,求截面面积.

# 附录

## 答案或提示

### 第 1 章  国立莫斯科大学

#### 数学力学系

1. $-10$  【提示】$a \in \mathbf{Z} \to a^2 \in \mathbf{Z}$.

2. $\left\{\sqrt{2\pi}, \dfrac{-1+\sqrt{1+8\pi}}{2}\right\}$.

3. $\dfrac{9}{2}$.

【解】因为 $\angle AQC = \angle APC = 90°$,

所以四边形 $AQPC$ 能有一个外接圆.

所以 $\angle BAC = \angle BPQ$.

从而可得 $\triangle ABC \backsim \triangle QBP$.

相似比 $= \sqrt{\dfrac{S_{\triangle QBP}}{S_{\triangle ABC}}} = \dfrac{1}{3}$.

所以 $\dfrac{|BP|}{|AB|} = \dfrac{1}{3}$.

用 $\beta$ 表示 $\angle ABC$,用 $R$ 表示所求半径,由 $\triangle ABP$ 可知

$$\cos\beta = \dfrac{1}{3}$$

因为

$$0° < \beta < 90°$$

所以

$$\sin\beta = \dfrac{2\sqrt{2}}{3}$$

又
$$|AC| = \frac{|QP|}{\text{相似比}} = 6\sqrt{2}$$

由等式
$$|AC| = 2R\sin\beta$$

可求出
$$R = \frac{9}{2}$$

4. $a < -1$.

**【解】** 我们先设已给的不等式组有解.

把第一个不等式乘 $-2$，与第二个不等式相加得出以下的不等式
$$(x+3y)^2 \leqslant -\frac{4}{a+1}$$

有解，即 $a+1 < 0$，$a < -1$.

现在设 $a_0 < -1$，这时 $\frac{1-a_0}{a_0+1} < -1$.

所以，如果方程组
$$\begin{cases} x^2 + 2xy - 7y^2 = -1 \\ 3x^2 + 10xy - 5y^2 = -2 \end{cases} \quad (1)$$

有解，那么已给的不等式组也有解. 但是，方程组（1）有解，例如 $\left(-\frac{3}{2}, \frac{1}{2}\right)$（用 $-2$ 乘第一个方程式且再和第二式相加，就可以求出上述的解）.

5. 3.

**【解】** 设点 $K$ 是 $AD$ 的中点，点 $N$ 是 $BC$ 的中点，$O = AC \cap KM$（图1）.

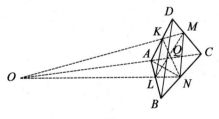

图1

由 $O \in KMN \cap ABC$ 和 $N \in KMN \cap ABC$，可得平面 $KMN$ 和 $ABC$ 沿直线 $ON$ 相交，因此 $AB$ 与 $KMN$ 交于点 $L = AB \cap ON$. 这样所求的截面是四边形 $KLNM$.

下面我们可以利用简单的引理：如果线段 $FG$ 和平面 $\alpha$ 交于点 $H$，并且 $h_F$,

$h_G$ 分别是从点 $F$ 和 $G$ 到 $\alpha$ 的距离,那么

$$\frac{|FH|}{|HG|} = \frac{h_F}{h_G}$$

用 $\beta$ 表示一个平面,此平面平行于异面直线 $AB$ 和 $CD$,且与此二异面直线等距,因为从 $A$ 和 $D$ 到平面 $\beta$ 的距离相等,依据引理,平面 $\beta$ 把线段 $AD$ 分成为两等份,$K \in \beta$,类似地,$N \in \beta$,因此 $KN \in \beta$,所以直线 $LM$ 与平面 $\beta$ 交于点 $Q = KN \cap LM$.

因为从点 $M$ 和 $L$ 到 $\beta$ 的距离相等,依据引理,$|MQ| = |LQ|$,依据平面的类似引理,从点 $M$ 和 $L$ 到直线 $KN$ 的距离相等,所以

$$S_{\triangle KLN} = S_{\triangle KMN}$$

设 $h_A, h_B, h_C, h_D$ 分别是从点 $A, B, C, D$ 到平面 $KLNM$ 的距离,反复利用引理,从而得出

$$h_A = h_D, h_B = h_C$$

$$\frac{h_D}{h_C} = \frac{2}{3}$$

$$\frac{|AL|}{|LB|} = \frac{h_A}{h_B} = \frac{h_D}{h_C} = \frac{2}{3}$$

因为

$$|AL| = \frac{2}{5}|AB|$$

又因为从点 $N$ 到 $AB$ 的距离等于从点 $C$ 到 $AB$ 的距离的一半,所以

$$S_{\triangle ANL} = \frac{1}{5} S_{\triangle ABC}$$

因为从点 $K$ 到 $ABC$ 的距离等于从点 $D$ 到 $ABC$ 的距离的一半,所以

$$V_{四边形KANL} = \frac{1}{10} V_{四边形DABC} = \frac{1}{2}$$

另一方面

$$V_{四边形KANL} = V_{四边形AKLN} = \frac{1}{3} h_A \cdot S_{\triangle KLN} = \frac{1}{3} S_{\triangle KLN}$$

所以

$$S_{\triangle KLN} = \frac{3}{2}, \quad S_{四边形KLNM} = 3$$

# 计算数学与控制论系

1. $\{-1\} \cup [2, +\infty)$.

2. $x = -\dfrac{4}{3}\pi + 4k\pi\,(k \in \mathbf{Z})$.

3. $y = -x + \dfrac{5}{2}$.

4. $A = \{6,10,14,30,42,70,105,210\}$.

**【解】** 因为在 $A$ 中所有数的最小公倍数等于 $210 = 2\times3\times5\times7$，集合 $A$ 是集合 $B$ 的子集

$$B = \{2,3,5,7,2\times3,2\times5,2\times7,3\times5,3\times7,5\times7,2\times3\times5,2\times3\times7,\\ 2\times5\times7,3\times5\times7,2\times3\times5\times7\}$$

因为 $A$ 中所有数的乘积被 $1\,920 = 2^7\times15$ 整除，所以在 $A$ 中含有八个元素的集合 $C$ 中的七个或是八个数

$$C = \{2,2\times3,2\times5,2\times7,2\times3\times5,2\times3\times7,2\times5\times7,2\times3\times5\times7\}$$

若 $A$ 中含有 $C$ 中的八个元素，则 $A = C$，因此 $B$ 中其余的数与 2 互素，因为 $C$ 中所有数的乘积是某一个整数的平方，这是不可能的.

若 $A$ 中含有 $C$ 中的七个数. 如果 $2 \in A$，那么在 $A$ 中不可能含有 $B$ 的任何一个不包含在 $C$ 中的数（参看前面），因为 $A$ 中数的个数多于 7，可得出 $A = C$，即在 $A$ 中又含有 $C$ 的八个数，这就有了矛盾. 即 $2 \overline{\in} A$.

因此

$$D = \{2\times3,2\times5,2\times7,2\times3\times5,2\times3\times7,2\times5\times7,2\times3\times5\times7\}$$

的每一个数都包含在 $A$ 中.

在 $A$ 中至少还应包含一个数，用穷举法可肯定：在剩下的七个数中仅有 $3\times5\times7$ 与 $D$ 中所有的数不互素.

因此

$$A = D \cup \{3\times5\times7\}$$

5. $\dfrac{3-\sqrt{5}}{4}$.

**【解】** 设 $V$ 是棱锥 $H-ABCE$ 的体积，$h$ 是棱锥高的长度. $h_1 = |HO|$ 是 $\triangle AHE$ 的高，设 $|AE| = x$，这时

$$S_{\triangle ABE} = \dfrac{1}{2}x\cdot\sin\angle BAE \leq \dfrac{x}{2}$$

设图2(a)中的
$$|AH| = y$$
这时图2(a)中
$$|EH| = \sqrt{2} - y$$

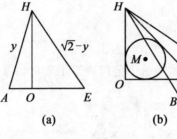

图2

从等式 $S_{\triangle AHE} = \frac{1}{2}xh_1$,利用海伦公式求出

$$h_1 = \sqrt{\frac{1}{2} - \frac{x^2}{4}} \cdot \sqrt{1 - \frac{2(1-\sqrt{2}y)^2}{x^2}}$$

因此

$$h_1 \leq \sqrt{\frac{1}{2} - \frac{x^2}{4}}$$

(注:底边长为 $X$ 和腰长为 $\frac{\sqrt{2}}{2}$ 的等腰三角形的高等于 $\sqrt{\frac{1}{2} - \frac{x^2}{4}}$,这样就证明了底边为定长和两腰和为定长的三角形中,等腰三角形具有最大的高,试直接用几何方法证明之)

因为 $S_{\triangle BAE} = S_{\triangle BCE}$,所以棱锥 $H-BAE$ 和 $H-BCE$ 具有相同的体积 $\frac{1}{12}$,即

$$\frac{1}{12} = V_{H-BAE} = \frac{1}{3}S_{\triangle ABE}h \leq \frac{1}{3}S_{\triangle ABE}h_1 \leq \frac{1}{3} \cdot \frac{x}{2}\sqrt{\frac{1}{2} - \frac{x^2}{4}} \quad (1)$$

解不等式

$$\frac{1}{12} \leq \frac{1}{3} \cdot \frac{x}{2}\sqrt{\frac{1}{2} - \frac{x^2}{4}}$$

得出

$$x = 1$$

这时 $\frac{1}{3} \cdot \frac{x}{2}\sqrt{\frac{1}{2} - \frac{x^2}{4}} = \frac{1}{12}$,而且在所有的不严格的不等式(1)中满足等号,即

和
$$h = h_1 = \frac{1}{2}$$

$$S_{\triangle ABE} = \frac{1}{2}$$

因此
$$|AB| = |AE| \quad 和 \angle BAE = \frac{\pi}{2}$$

考虑到条件
$$S_{\triangle BAE} = S_{\triangle BCE}$$

可推出,底面 ABCE 是一个正方形,此外
$$|AH| = |EH| = \frac{\sqrt{2}}{2}$$

平面 AHE 垂直于平面 ABCE,并且 |HO| 是棱锥的高.

$\triangle AHE$ 的内切圆半径 $r_1$ 等于
$$\frac{S_{\triangle AHE}}{P_{\triangle AHE}} = \frac{\sqrt{2}-1}{2}$$

从点 H 作 HK 垂直于 BC,根据三垂线定理 $OK \perp BC$,即 $|OK|=1$,$\triangle HOK$ 的内切圆半径 $r_2$ 等于
$$\frac{S_{\triangle HOK}}{P_{\triangle HOK}} = \frac{3-\sqrt{5}}{4}$$

不难验证
$$r_2 < r_1$$

现在来研究以点 M 为球心,半径为 $r_2$ 的球,此球与面 AHE,ABCE 和 BHC 相切,因为它向平面 AHE 的正投影是一个圆心在 HO 上半径为 $r_2$ 的圆,它与 AE 相切,且 $r_2 < r_1$,可推出这个圆在 $\triangle AHE$ 里面,因为棱锥 H-ABCE 在这种情况下投影于 $\triangle AHE$ 上,而球本身在棱锥内部.

位于棱锥 H-ABCE 内的任意球在平面 HOK 上的正投影是一个在 $\triangle HOK$ 内部的具有与球半径相同半径的圆,因此这个球的半径不超过 $r_2$.

那么,在已知棱锥内有某个半径为 $r_2$ 的球,且位于棱锥内部的任何球的半径不超过 $r_2$.

# 口 试

1. 如果 $a \neq 0$ 或者 $b \neq 0$, $\min\limits_{\mathbf{R}} f(x) = -\sqrt{a^2+b^2}$, $\max\limits_{\mathbf{R}} f(x) = \sqrt{a^2+b^2}$.
   如果 $a = b = 0$, $\min\limits_{\mathbf{R}} f(x) = \max\limits_{\mathbf{R}} f(x) = 0$.
2. $\{3\}$.
3. 【提示】三角形任何边的长都小于毗连着它的两条角的平分线长的和.
4. 【提示】半径为 1 的圆,周长为 $2\pi$,相应圆的面积是 $\pi$.

# 第 2 章 国立列宁格勒大学

## 数学力学系、应用数学管理系

1. $b>0$ 和 $a \in \left(-\sqrt[4]{\dfrac{128}{3}b}, -\sqrt[4]{b}\right) \cup \left(\sqrt[4]{b}, \sqrt[4]{\dfrac{128}{3}b}\right)$ 或者 $b<0$ 和 $a$ 是任何实数.

【提示】画出函数 $h(x)=f(x)-g(x)$ 在 $a>0, a<0$ 和 $a=0$ 时的图像,当 $b>0$ 和 $a \neq 0$ 时,此图像当且仅当在 $h(a)<0$ 和 $h\left(-\dfrac{a}{4}\right)>0$ 时与横轴有两个交点,在 $b>0$ 和 $a=0$ 时,图像与横轴没有交点,在 $b=0$ 时,图像与横轴有一个(在 $a=0$ 时)或者三个(在 $a \neq 0$ 时)交点. 在 $b<0$ 时,对任何 $a \in \mathbf{R}$,图像与横轴都有两个交点.

2. $C_9^4(4C_6^3P_3+C_4^2C_6^2C_4^2P_2)+C_9^3(4C_5^3P_3+5 \cdot 3C_5^3P_2+C_5^2 \cdot 3C_4^2P_2+5 \cdot 3C_5^2C_3^2)=294\,840$ 个数.

【提示】数目字中或者没有零,或者有零.

在第一种情况中,或者某个数字占据三个位置,或者具有两个"二重点",所谓"二重点"是指同一个数字占据了两个不同的位置.

第二种情况是以下四种情况中的一种:或者是零占据三个位置,或者任何一个其他数字占据三个位置,或者零占据两个位置,或者零占据一个位置,具有两个"二重点".

3. 在 $a \in [0,4)$ 时,$x=k\pi(k \in \mathbf{Z})$;

对其余的 $a$,$x_1=k\pi(k \in \mathbf{Z})$,

$x_2=\pm\dfrac{1}{2}\arccos\dfrac{a+2}{2(a-1)}+\pi l(l \in \mathbf{Z})$.

【提示】原方程等价于方程组

$$\begin{cases}[2(1-a)\cos 2x+2+a]\sin^2 x=0 \\ \cos x \neq 0\end{cases}$$

4. $\dfrac{\alpha}{\sqrt{2}} \cdot \dfrac{\sin^2 \dfrac{\alpha}{2}}{\cos \dfrac{\alpha}{2}(1+\sqrt{-\cos \alpha})}$.

**【提示】** 设 $M-ABCD$ 是已知棱锥(图1).

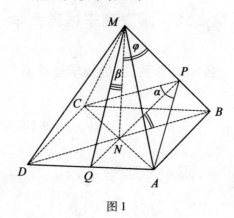

图1

$CP \perp MB$(这时 $AP \perp MB$ 和 $\angle CPA = \alpha$)
$MN \perp (ABC)$,$MQ \perp AD$,$\angle NMB = \varphi$,$\angle QMN = \beta$

点 $O_1$ 是"未知"球面 $S$ 的球心,$K$ 是它与 $MDA$ 面的切点,$L = S \cap MO_1$,那么 $|O_1K| = |O_1L|$ 是所求的半径(图2).

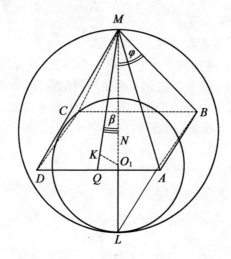

图2

因为 $\angle NMB = \angle PNB$,在 $\triangle PNB$ 中可得到

$$\cos\varphi = \frac{|NP|}{|NB|} = \frac{|NP|}{|NA|} = \cot\frac{\alpha}{2}$$

$\left(\text{所以也就得出 } \alpha \in \left(\frac{\pi}{2}, \pi\right)\right)$

从 △QMN 求出 $\tan\beta$，从 △LMB 求出 $|ML|$，最后从 △$O_1MK$ 求出 $|O_1K|$.

5. $a = (2, -2, -2)$.

## 经济系经济控制专业和国民经济
## 计划专业、化学系、心理学系

1. $\dfrac{9}{4}$.

2. $1120x^4$.

【提示】$1 + C_m^1(-2) + C_m^2(-2)^2 = 97$.

3. $\left\{\dfrac{\pi}{6}, \dfrac{\pi}{2}, \dfrac{5}{6}\pi\right\}$.

4. $\dfrac{abc}{\sqrt{a^2b^2 + b^2c^2 + c^2a^2}}$.

【提示】引入以已知棱锥的顶点为原点，以各棱为轴的坐标系.

5. $b = 0, a \neq 0$ 或 $b \neq 0, a \neq -2b$ 或 $-5 < b < 0, a = -2b$.

【提示】不等式的两边同除以 $3^{-y}$，原方程组等价于以下方程及不等式组

$$\begin{cases} y < 2x - 1 \\ ax + by = 5 \end{cases}$$

## 地理系、地质系、经济系政治经济专业

1. $x_0 = 1$ 是函数 $f$ 的极小值点，在区间 $[0, 3]$ 上没有极大值点

$$\max_{[0,3]} f(x) = f(3) = 4\sqrt{6}, \quad \min_{[0,3]} f(x) = f(1) = 0$$

2. $(-1, 1 + 2\sqrt{2})$.

【提示】已给的不等式等价于不等式组

$$\begin{cases} \log_2 \dfrac{2(x+1)^2}{(x+3)^2} < 0 \\ x + 1 > 0 \end{cases}$$

3. $5, 10, 20$ 和 $20, 10, 5$.

4. $x = \pi + 2\pi k \ (k \in \mathbf{Z})$.

5. $\dfrac{9}{2} a^3 \pi$.

# 第3章 国立喀山大学

## 数学力学系

1. $x_1 = \dfrac{\pi}{2}k$, $x_2 = \pm\dfrac{\pi}{6} + \pi l\,(k,l \in \mathbf{Z})$.
2. $p = (-6, 8)$.
3. $\dfrac{a^3 \sin^2\alpha \tan\beta}{12(1 + \sin\dfrac{\alpha}{2})}$.

## 计算数学与控制论系

1. $x = \dfrac{\pi}{4} + \dfrac{\pi}{2}k\,(k \in \mathbf{Z})$.
2. $(0, +\infty)$.
3. $b = \dfrac{2}{3}a$, $V = \dfrac{4}{27}a^2 H$.
4. 13.

## 物理系

1. $x_1 = k\pi$, $x_2 = \dfrac{\pi}{6} + 2\pi l\,(k,l \in \mathbf{Z})$.
2. $\{(9,3),(3,9)\}$.
3. $(1-\sqrt{2}, \sqrt{2})$ 和 $(1+\sqrt{2}, -\sqrt{2})$.
4. $\dfrac{\sqrt{2}a^3}{6} \cdot \dfrac{\cos\dfrac{\alpha}{2}}{\sqrt{-\cos\alpha}}$.

【提示】设 $S-ABCD$ 是已知棱锥, $BF \perp SA$(这时 $DF \perp SA$ 且 $\angle BFD = \alpha$), $SO \perp (ABC)$, $\angle OSA = \varphi$, 因为 $\angle OSA = \angle FOA$, 由 $\triangle FOA$ 得出

$$\cos\varphi = \dfrac{|OF|}{|OA|} = \dfrac{|OF|}{|OD|} = \cot\dfrac{\alpha}{2}$$

$\left(\text{由此得出 }\alpha \in \left(\dfrac{\pi}{2}, \pi\right)\right)$

## 第4章 国立新西伯利亚大学

### 数学力学系、物理系、经济系

1. 20 m/s.

【提示】用 $t$ 表示从开始刹车至停止的时间,分析三种情况:$t \geq 15, 5 < t < 15, t \leq 5$,证明第一种和第三种情况是不可能的.

2. $x_1 = -\frac{5}{16}\pi + 2k\pi$, $x_2 = -\frac{\pi}{16} + 2\pi l$; $x_3 = \frac{3}{16}\pi + 2\pi m$, $x_4 = \frac{7}{16}\pi + 2\pi n (k, l, m, n \in \mathbf{Z})$.

3. $1 - \frac{\sqrt{2}}{2}$.

【提示】如果点 $O_1$ 和 $O_2$ 是两个圆的圆心,点 $A, B$ 是它们与直线 $l$ 的切点,点 $C$ 是两圆交点中距 $l$ 最近的一个,并且作 $O_2 K \perp O_1 A$,那么 $\angle O_1 O_2 K = 45°$(由 $\triangle O_1 O_2 K$ 可知),$\angle O_1 O_2 C = 90°$(由 $\triangle O_1 O_2 C$ 可知).

4. $\left[-\sqrt{\frac{2}{5}}, \sqrt{\frac{2}{5}}\right]$.

【提示】第一个不等式等价于两个不等式组的和

$$\begin{cases} 5x^2 - 8x + 3 > x^2 \\ x > 1 \end{cases}$$

及

$$\begin{cases} 0 < 5x^2 - 8x + 3 < x^2 \\ 0 < x < 1 \end{cases}$$

5. $|PQ| = \frac{3\sqrt{101}}{5}$.

【解】现分析以点 $P$ 为中心的位似变换,它把 $A'$ 映到 $A$,因为棱台的两底面平行,上底面的象将在下底面的平面上,所以点 $Q$ 是点 $M$ 的象,$AD$ 延长线上的点 $S$ 是 $D'$ 的象,于是 $QS // CD$,已知 $\frac{|QS|}{|MD'|} = \frac{3}{\frac{1}{2}} = 6$ 也就是相似比等于 $6$(图1).

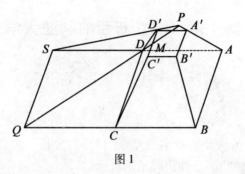

图 1

这样就得出(图2)

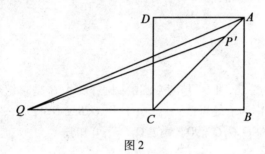

图 2

$$|AQ|=6|A'M|=3\sqrt{5}$$

从 $\triangle QAB$ 中求出 $|QB|=6$ 这样 $|QC|=3$.

设点 $P'$ 是点 $P$ 向底平面的投影,在 $\triangle AQC$ 中按余弦定理求出

$$\cos\angle QAP'=\frac{3}{\sqrt{10}}$$

由 $\triangle PAP'$ 计算出 $|P'A|=\dfrac{6\sqrt{2}}{5}$.

这时由 $\triangle QAP'$ 按余弦定理 $|QP'|=\dfrac{3\sqrt{73}}{5}$.

最后由 $\triangle QPP'$ 求出 $|PQ|$.

## 自然科学系、地球物理地质系

1. $\{(1,2),(-1,-2),(\sqrt{2},\sqrt{2}),(-\sqrt{2},-\sqrt{2})\}$.

2. $x_1=-\dfrac{\pi}{2}+2k\pi, x_2=(-1)^i\dfrac{\pi}{6}+l\pi(k,l\in \mathbf{Z})$.

3. $9:16$.

【提示】点 $O_1$ 和 $O_2$ 在 $CD$ 的垂直平分线上,由此并由条件得出 $\angle DCB = 90°$,因此 $DB$ 是一个圆的直径.

4. $(-4, -1-\sqrt{3}) \cup (0, -1+\sqrt{3})$.

5. $|PQ| = \dfrac{\sqrt{14}}{3}$.

【提示】直线 $PQ$ 在 $\triangle OAM$ 平面内,因此这个平面和直线 $CN$ 的交点是 $Q$,此外,点 $Q$ 在平面 $OAM$ 和平面 $ABC$ 的交线上,也就是在直线 $AD$ 上,被平面 $OAM$ 截出的立方体的截面图 3 所示.

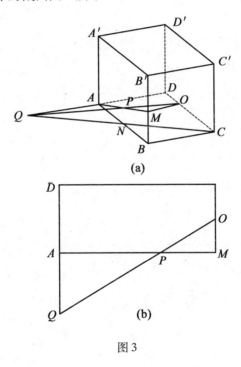

图 3

## 第5章 国立远东大学

### 物理系 口试

1. $\dfrac{1}{11}$.

2. $(3,4) \cup (5, +\infty)$.

3. $3 \cdot 3 \cdot 3! = 54$.

4. 3 970.

**【提示】**根据组合 12 的位置把所求的集合分成子集. 不要弄错:这个组合并不非得仅仅出现一次.

5. $\max\limits_{\mathbf{R}} f(x) = f(0) = 5, \min\limits_{\mathbf{R}} f(x) = f\left(\dfrac{2}{3}\pi\right) = \dfrac{11}{4}$.

6. 底面边长是 4 m, 深 2 m.

7. $S = 2\int_0^{\frac{\sqrt{37}-1}{6}} (-3x^2 - x + 3)\,\mathrm{d}x = \dfrac{37\sqrt{37} - 55}{54}$.

8. 甲需 6 h, 乙需 12 h.

9. $\dfrac{abc}{\sqrt{a^2b^2 + b^2c^2 + c^2a^2}}$.

**【提示】**引入以已给棱锥顶端为原点且以各棱为轴的坐标系.

10. $\dfrac{3\sqrt{3}\,\pi}{2\sin^2\dfrac{\alpha}{2}(2\cos\alpha + 1)^2}$.

# 第6章 莫斯科物理工程学院

## （一）

1. 用 $x$ kg 表示所必须数量的淡水,则根据本题条件

$$30 \cdot \frac{5\%}{100\%}(x+30)^{-1} \cdot 100\% = P\%$$

解这个方程可知,若 $P \in (0,5]$,则需要添加 $30\left(\dfrac{5}{P}-1\right)$ kg 淡水,当 $P \in (0,5]$ 时,此题无解.

2. 因为棱锥 $S-ABCD$ 的侧棱与底平面构成的各角相等,则棱锥顶点 $S$ 在底平面 $ABCD$ 上的正投影 $O_1$ 是矩形 $ABCD$ 的外接圆心,外接球面被棱锥的底平面所截的截线是外接于矩形 $ABCD$ 的圆周,因而外接球面的球心 $O$ 在直线 $SO_1$ 上(图1).

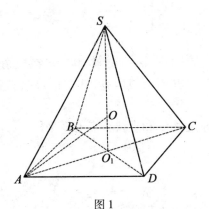

图1

△$ASC$ 是等腰三角形,这是因为 $\angle SAC = \angle SCA$,此三角形的底边 $AC$ 同时是矩形 $ABCD$ 的对角线,所以

$$|AC| = \sqrt{|AB|^2 + |BC|^2} = 5 \qquad (1)$$

因为棱锥外接球心在平面 $ASC$ 上,所以△$ASC$ 的外接圆半径为 $R = 6.5$.

由 Rt△$AOO_1$ 可得

$$(|SO_1| - R)^2 = R^2 - \left|\frac{|AC|}{2}\right|^2 \qquad (2)$$

所以
$$|SO_1| = R \pm \sqrt{R^2 - \left|\frac{|AC|}{2}\right|^2} = 6.5 \pm 6 \qquad (3)$$

式(1)外接球心在棱锥 $S-ABCD$ 之中.

在这种情况下,在式(3)中应当选择加号,侧棱的长可根据 $Rt\triangle ASO_1$ 求出
$$|AS| = \sqrt{|SO_1|^2 + R^2} = \sqrt{212.5}$$

根据余弦定理,由 $\triangle BSC$ 可得
$$\cos\angle BSC = \frac{|BS|^2 + |CS|^2 - |BC|^2}{2|BS|\cdot|CS|} = \frac{309}{325}$$
$$\angle BSC = \arccos\frac{309}{325}$$

式(2)外接球心不在棱锥 $S-ABCD$ 之中.

在这种情况下,在式(3)中应当选择减号,由类似上述情况的计算可得
$$\angle BSC = \pi - \arccos\left(-\frac{3}{13}\right) = \arccos\frac{3}{13}$$

答:$\left\{\arccos\frac{309}{325},\ \arccos\frac{3}{13}\right\}$.

3. 根据条件
$(4x^2 + ax + 2)'|_{x=-5} = \tan(\pi - \text{arccot}\,20)$,求在抛物线方程中的未知参变数 $a$ 的值,完成等式中左边部分的运算,并按诱导公式把右边部分化简可得 $40 - a = 20$,所以 $a = 20$.

可用以下方程来求抛物线和直线交点的横坐标
$$4x^2 + 20x + 2 = -8x - 46$$

可得
$$x_1 = -4,\ x_2 = -3$$

所研究的图形面积可以用以下积分求出
$$\int_{-4}^{-3}[-8x - 46 - (4x^2 + 20x + 2)]dx$$
$$= -4\int_{-4}^{-3}(x^2 + 7x + 12)dx$$
$$= \frac{2}{3}$$

答:$\frac{2}{3}$ 平方单位.

**4.** 对所有的如下的实数 $x$,方程有定义,对于这些 $x$,$\cos 6x \neq 0$,研究以下两种情况:

(1) $x \geq 0$,方程具有形式
$$\sin 6x \cdot \cos 5x + \cos 6x \cdot \sin 5x = 0 \qquad (1)$$

利用和的正弦公式,把式(1)化为
$$\sin 11x = 0$$

则
$$x = \frac{n\pi}{11} \quad (n \in \mathbf{Z})$$

(2) $x < 0$,则 $|x| = -x$,考虑到正切函数是奇函数,可得
$$\sin 6x \cdot \cos 5x - \cos 6x \cdot \sin 5x = 0$$

由此得出
$$x = k\pi \quad (-k \in \mathbf{N})$$

用直接验证法可得知
$$\cos \frac{6n\pi}{11} \neq 0 \quad (n \in \mathbf{Z})$$
$$\cos 6k\pi \neq 0 \quad (-k \in \mathbf{N})$$

答:$\left\{\dfrac{n\pi}{11} \mid n \in \mathbf{Z}, k\pi \mid -k \in \mathbf{N}\right\}$.

## (二)

1. 164 850.

2. 当 $\alpha \in (0, \frac{\pi}{2}]$,$\beta \in (0, \frac{\pi}{2}]$,$\alpha \neq \beta$ 时有两解
$$\frac{V}{\sin(\alpha+\beta)},\ \frac{V}{\sin|\alpha+\beta|}$$

当 $\alpha \in (0, \frac{\pi}{2}]$,$\beta \in (0, \frac{\pi}{2}]$,$\alpha = \beta$ 时有一解
$$\frac{V}{\sin(\alpha+\beta)}$$

其中 $V = \dfrac{4a^3}{75}\sin^2\varphi \cos\varphi \sin\alpha \sin\beta$.

3. $\{(15, -12)\}$.

4. $\left\{-6\pi, -\dfrac{9\pi}{2}, 0\right\}$.

## (三)

1. 当 $tV \in [2\,000, \infty)$ 时, $\dfrac{tV \pm \sqrt{tV(tV-2\,000)}}{2t}$, 否则无解.

2. 当 $\gamma \in [\varphi, \dfrac{\pi}{2}], \alpha \in (0, \dfrac{2\pi}{3})$ 时, 截面面积为

$$\dfrac{a^2 \sin\psi \sin(\gamma \pm \psi)}{4\sqrt{3}\sin^2\gamma \cdot \sin^2\dfrac{\alpha}{2}}$$

当 $\gamma \in (\psi, \varphi), \alpha \in (0, \dfrac{2\pi}{3})$ 时, 截面面积为

$$\dfrac{a^2 \sin\psi \sin(\gamma - \psi)}{4\sqrt{3}\sin^2\gamma \cdot \sin^2\dfrac{\alpha}{2}}$$

在其余情况下为 0, 其中

$$\varphi = \arccos\left(\dfrac{\tan\dfrac{\alpha}{2}}{\sqrt{3}}\right) \qquad \psi = \arccos\left(\dfrac{2\sin\dfrac{\alpha}{2}}{\sqrt{3}}\right)$$

3. $(9 - 8\ln 2)$ 平方单位.

4. $\left\{\arcsin\dfrac{1}{14} + 2n\pi \mid n \in \mathbf{Z}\right\}$.

# 第7章 莫斯科物理技术学院

## （一）

1. $x = \dfrac{\pi}{2} + k\pi \ (k \in \mathbf{Z})$.

2. $[7, +\infty)$.

3. $\arctan \dfrac{\sqrt{2}}{2}$.

**【提示】**如果点 $O$ 是中线交点，且 $|OD| = a$，那么 $|AO| = 2a$，由于线段 $BO$ 是 $\mathrm{Rt}\triangle ABD$ 的高，可用 $a$ 表示 $|AB|$ 和 $|BD|$。

也可以按矢量 $\overrightarrow{BA}$ 和 $\overrightarrow{BC}$ 来分解矢量 $\overrightarrow{AD}$ 和 $\overrightarrow{BE}$，并利用 $\overrightarrow{AD} \cdot \overrightarrow{BE} = 0$。

4. $x_1 = \arccos \dfrac{3}{4} + 2k\pi$.

$y_1 = -\arccos \dfrac{1}{8} + 2l\pi$.

$x_2 = -\arccos \dfrac{3}{4} + 2k\pi$.

$y_2 = \arccos \dfrac{1}{8} + 2\pi l. \ (k, l \in \mathbf{Z})$

**【解】**从方程组的第一个方程可知

$$6\cos x = 5 - 4\cos y$$

从第二个方程可知

$$6\sin x = -4\sin y$$

平方后相加，得出

$$\cos y = \dfrac{1}{8}$$

$$y = \pm \arccos \dfrac{1}{8} + 2k\pi \quad (k \in \mathbf{Z})$$

那么，由第一个方程可知

$$\cos x = \dfrac{3}{4}$$

$$x = \pm \arccos \frac{3}{4} + 2\pi l \quad (l \in \mathbf{Z})$$

既然进行了平方就得验证,直接代入使我们能肯定四种符号组合中仅有两种是合适的,这两种在答案中已经指出了.

5. 3 h 24 min.

【提示】因为在$AB$段上流速的减小,使汽艇在从$A$向$B$运动时,汽艇相对于河岸的速度增大(河水是由$C$向$A$流动的)用$a$表示$A$和$B$之间的距离,用$b$表示$B$和$C$之间的距离,汽艇在前两次航行中相对于水的速度用$u$表示,而河水的流速用$v$表示,可以组成由三个方程构成的方程组,消去$a$和$b$,就可以在所得到的方程中用$v$来表示$u$.

6. $\dfrac{125}{18}\pi$.

【解】设点$E$和$F$是平面$ABC$和圆锥底面的圆周的交点(图1),因为$BC // B_1C_1$,而直线$B_1C_1$在圆锥底面的平面上,那么$BC // EF$,即
$$\triangle AEF \backsim \triangle ABC$$
其中$\triangle AEF$是等边三角形.

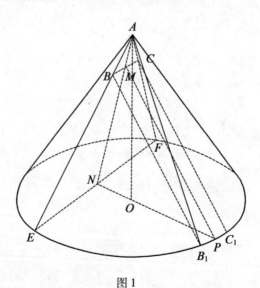

图1

由于圆锥母线具有相同的长度,所以
$$|AE| = |AB_1|$$
所以

$$|AE|:|AB| = 5$$

设点 $M, N$ 和 $P$ 分别是线段 $BC, EF$ 和 $B_1C_1$ 的中点,点 $O$ 是圆锥底面的中心.

因为 $ON \perp EF$,而 $EF /\!/ B_1C_1$,直线 $ON$ 通过线段 $B_1C_1$ 的中点,可见,线段 $AN$ 通过点 $M$ 且垂直于 $EF$.

还要指出 $MP \perp AN$,因为 $MP /\!/ BB_1$,而 $BB_1 \perp ABC, BB_1 \perp AN$.

设 $|AB| = a$,这时 $|AM| = \frac{\sqrt{3}}{2}a, |AE| = 5a, |AN| = \frac{5\sqrt{3}}{2}a, |MN| = 2\sqrt{3}a$.

在 $Rt\triangle AB_1B$ 中求出 $|BB_1| = \sqrt{24}a$.

在 $Rt\triangle PMN$ 中考虑到 $|PM| = |BB_1|$,得出 $|PN| = 6a$.

用两种方法计算 $\triangle ANP$ 的面积,在这个三角形中 $PM$ 和 $AO$ 是高,得出 $|AO| \cdot |NP| = |AN| \cdot |MP|$,所以 $|AO| = \frac{5}{\sqrt{2}}a$.

现在可求出圆锥底面的半径

$$R = |OB_1| = \sqrt{|AB_1|^2 - |AO|^2} = \frac{5}{\sqrt{2}}a$$

圆锥体积

$$V_{圆锥} = \frac{1}{3}\pi R^2 \cdot |AO| = \frac{125\pi}{6\sqrt{2}}a^3$$

棱柱体积

$$V_{棱柱} = \frac{3}{\sqrt{2}}a^3$$

比值

$$V_{圆锥} : V_{棱柱} = \frac{125}{18}\pi$$

## (二)

1. $(-\infty, -4) \cup (0, +\infty)$.
2. $n = 4k+1 \ (k \in \mathbf{Z})$.

【提示】分析以下诸情况: $n = 4k, n = 4k+1, n = 4k+2, n = 4k+3$.

3. $n = 6, x = \pm\frac{1}{2}$.

4. $\arctan\sqrt{5}$.

**【提示】** $\triangle CAD$ 是等腰三角形，$\angle ADN = \angle ACN$，用 $|MD|$ 和 $\angle CDA$ 来表示 $|CM|$ 和 $|MN|$.

5. (1) $\left[\dfrac{1}{2}, \dfrac{34}{5}\right]$，(2) $[-4, 2]$.

**【解】** 直线 $BD$ 的方程为 $y = -x - 1$，要找出 $a$ 的所有值，对于这些值下列式组

$$\begin{cases} 2x - y - 2a \leqslant 0 \\ 2x + 6y + 5a \leqslant 0 \\ y = -x - 1 \\ -3 \leqslant x \leqslant 3 \end{cases}$$

或者式组

$$\begin{cases} x \geqslant \dfrac{-6 + 5a}{4} \\ x \leqslant \dfrac{2a - 1}{3} \\ -3 \leqslant x \leqslant 3 \end{cases} \tag{1}$$

有解，为了使组 (1) 有解，必须使 $a$ 满足不等式 $\dfrac{-6 + 5a}{4} \leqslant \dfrac{2a - 1}{3}$ 也就是 $a \leqslant 2$.

这样，组 (1) 等价于不等式组

$$\begin{cases} \dfrac{-6 + 5a}{4} \leqslant x \leqslant \dfrac{2a - 1}{3} \\ -3 \leqslant x \leqslant 3 \\ a \leqslant 2 \end{cases} \tag{2}$$

为了使区间 $\left[\dfrac{-6 + 5a}{4}, \dfrac{2a - 1}{3}\right]$ 和 $[-3, 3]$ 具有公共点，充分必要条件是使它们中的每一个左端点不超过另一区间的右端点，即使不等式组

$$\begin{cases} \dfrac{-6 + 5a}{4} \leqslant 3 \\ -3 \leqslant \dfrac{2a - 1}{3} \end{cases} \tag{3}$$

有解，解不等式组 (3) 并考虑条件 $a \leqslant 2$ 后，可得答案.

也可以用其他方法做，用图像解不等式组 (1)（图 2），可得 $-4 \leqslant a \leqslant 2$.

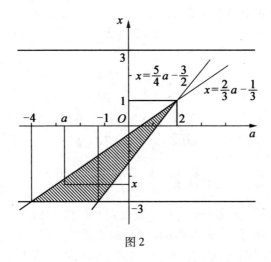

图 2

6. $\dfrac{\sqrt{29}}{3}a$.

**【解】**设 $\overrightarrow{AD}=\boldsymbol{i},\overrightarrow{AB}=\boldsymbol{j},\overrightarrow{AA_1}=\boldsymbol{k}$.

由于矢量 $\overrightarrow{AM}$ 和 $\boldsymbol{i}$ 共线,同样 $\overrightarrow{A_1N}$ 和 $\boldsymbol{j}$ 共线,可以写成 $\overrightarrow{AM}=x\boldsymbol{i}$,$\overrightarrow{A_1N}=y\boldsymbol{j}$,所以
$$\overrightarrow{MN}=\overrightarrow{MA}+\overrightarrow{AA_1}+\overrightarrow{A_1N}=-x\boldsymbol{i}+y\boldsymbol{j}+\boldsymbol{k}$$

根据条件 $\overrightarrow{MN}\cdot\overrightarrow{QP}=0$,考虑到 $\overrightarrow{QP}=\boldsymbol{i}+\dfrac{1}{2}\boldsymbol{j}$ 可得
$$y=2x$$

$MN$ 和 $QP$ 相交这一条件,可以以不同的方法用方程来表达.

例如,设 $MN$ 和 $PQ$ 相交,那么点 $M,N,P,Q$ 在同一平面上,即矢量 $\overrightarrow{MN}$ 和矢量 $\overrightarrow{QP}$ 和 $\overrightarrow{QM}$ 共面,这表明存在着这样的数 $\alpha$ 和 $\beta$,对于它们
$$\overrightarrow{MN}=\alpha\overrightarrow{QP}+\beta\overrightarrow{QM} \qquad (1)$$

所以
$$-x\boldsymbol{i}+y\boldsymbol{j}+\boldsymbol{k}=(\alpha+\beta x)\boldsymbol{i}+\dfrac{\alpha-\beta}{2}\boldsymbol{j}-\dfrac{\beta}{2}\boldsymbol{k}$$

由于分解的唯一性,这个矢量等式等价于三个纯量等式
$$\begin{cases} -x=\alpha+\beta x \\ y=\dfrac{\alpha-\beta}{2} \\ 1=-\dfrac{\beta}{2} \end{cases}$$

从这些方程式中消去 $\alpha$ 和 $\beta$,得出
$$x = 2y - 2$$
由于 $y = 2x$,可得
$$x = \frac{2}{3},\ y = \frac{4}{3}$$
即
$$\overrightarrow{MN} = -\frac{2}{3}\boldsymbol{i} + \frac{4}{3}\boldsymbol{j} + \boldsymbol{k}$$
$$|\overrightarrow{MN}| = \sqrt{\frac{4}{9} + \frac{16}{9} + 1} = \frac{\sqrt{29}}{3}a$$

请注意,一般说来,条件(1)对于线段 $MN$ 和直线 $QP$ 相交仅仅是必要的,为了证明对于点 $M$ 和 $N$ 被找出的位置,相交是成立的,我们把 $MN$ 和 $QP$ 向 $ABCD$ 平面上投影($N_1$ 和 $Q_1$ 分别是它们的投影),不难看出,点 $M$ 和 $N_1$ 在直线 $Q_1C$ 的两侧,因此线段 $MN_1$ 和直线 $Q_1C$ 相交,由于点 $M,N,P,Q$ 在同一个平面上,可知 $MN$ 和 $QP$ 相交.

# 第8章 莫斯科钢铁合金学院

## 半导体材料系

1. 本题归结为解不等式组

$$\begin{cases} 3x - 8 > 0 \\ \dfrac{3x-8}{x^2+4} \leqslant 1 \end{cases} \Rightarrow \begin{cases} 3x - 8 > 0 \\ x^2 - 3x + 12 \geqslant 0 \end{cases}$$

第二个不等式对所有的 $x \in \mathbf{R}$ 成立,并立即可得出答案: $x > \dfrac{8}{3}$.

2. (1) 求定义域

$$\sin x \neq 0, \quad 1 + \cot x \neq 0 \Rightarrow x \neq -\dfrac{\pi}{4} + k\pi \quad (k \in \mathbf{Z})$$

$$x \neq m\pi \quad (m \in \mathbf{Z})$$

(2) 变换方程

$$1 + \dfrac{1}{\sqrt{2}}\left(\cos x \cdot \dfrac{1}{\sqrt{2}} + \sin x \cdot \dfrac{1}{\sqrt{2}}\right)\left(1 + \dfrac{\cos x}{\sin x}\right) = \dfrac{1}{2}\left(1 - \dfrac{\cos x}{\sin x}\right)$$

$$\Rightarrow (1 + \cot x)(\cos x + \sin x + 1) = 0$$

$1 + \cot x = 0 \Rightarrow x = -\dfrac{\pi}{4} + k\pi$ 不属于定义域

$$\cos x + \sin x + 1 = 0 \Rightarrow \sin\left(x + \dfrac{\pi}{4}\right) = -\dfrac{\sqrt{2}}{2}$$

$$\Rightarrow x + \dfrac{\pi}{4} = (-1)^{k+1}\dfrac{\pi}{4} + k\pi \Rightarrow x = [(-1)^{k+1} - 1]\dfrac{\pi}{4} + k\pi$$

$$k\pi = \begin{cases} (2n+1)\pi, & k = 2n+1 \\ -\dfrac{\pi}{2} + 2n\pi, & k = 2n \end{cases}$$

$x = (2n+1)\pi$ 不属于定义域.

答: $x = -\dfrac{\pi}{2} + 2n\pi \ (n \in \mathbf{Z})$.

3. 第一条和第二条曲线的切线方程为

$$\begin{cases} y = f'(x_1)(x - x_1) + f(x_1) \\ y = g'(x_2)(x - x_2) + g(x_2) \end{cases}$$

条件为切线是公切线
$$\begin{cases} f'(x_1) = g'(x_2) \\ f(x_1) - f'(x_1) \cdot x_1 = g(x_2) - g'(x_2) \cdot x_2 \end{cases}$$
$$\Rightarrow \begin{cases} 2x_1 + 4 = 2x_2 + 8 \\ -x_1^2 + 8 = -x_2^2 + 4 \end{cases} \Rightarrow \begin{cases} x_1 - x_2 = 2 \\ x_1^2 - x_1^2 = 4 \end{cases}$$
$$\Rightarrow \begin{cases} x_1 = 2 \\ x_2 = 0 \end{cases}$$

得公切线的方程式
$$y = 8x + 4$$

4. 把通项 $\dfrac{1}{k(k+1)(k+2)(k+3)}$ 分解为最简分式之和,并把这些分式加在一起如下

$$x_n = \sum_{k=2}^{n} \left[ \frac{1}{6}\left(\frac{1}{k} - \frac{1}{k+3}\right) + \frac{1}{2}\left(\frac{1}{k+2} - \frac{1}{k+1}\right) \right]$$

$$= \frac{1}{6}\left[ \left(\frac{1}{2} - \frac{1}{5}\right) + \left(\frac{1}{3} - \frac{1}{6}\right) + \left(\frac{1}{4} - \frac{1}{7}\right) + \right.$$
$$\left. \left(\frac{1}{5} - \frac{1}{8}\right) + \cdots + \left(\frac{1}{n} - \frac{1}{n+3}\right) \right] +$$
$$\frac{1}{2}\left[ \left(\frac{1}{4} - \frac{1}{3}\right) + \left(\frac{1}{5} - \frac{1}{4}\right) + \left(\frac{1}{6} - \frac{1}{1}\right) + \cdots + \left(\frac{1}{n+2} - \frac{1}{n+1}\right) \right]$$
$$= \frac{1}{6}\left(\frac{1}{2} + \frac{1}{3} + \frac{1}{4} - \frac{1}{n+1} - \frac{1}{n+2} - \frac{1}{n+3}\right) + \frac{1}{2}\left(-\frac{1}{3} + \frac{1}{n+2}\right)$$

所以
$$\lim_{n\to\infty} x_n = \frac{1}{6}\left(\frac{1}{2} + \frac{1}{3} + \frac{1}{4}\right) - \frac{1}{6} + \lim_{n\to\infty}\left[\frac{1}{2(n+2)} - \frac{1}{6}\left(\frac{1}{n+1} + \frac{1}{n+2} + \frac{1}{n+3}\right)\right]$$
$$= \frac{1}{6}\left(\frac{1}{2} + \frac{1}{3} + \frac{1}{4} - 1\right) + 0 = \frac{1}{72}$$

5. (1) 求出通过点 $A, B, C$(很明显,也通过下底面圆心 $O$)的平面方程
$$ax + by + cz + d = 0$$
为求出 $a, b, c, d$ 可得方程组(点 $A, B, C$ 的坐标满足平面方程式)
$$\begin{cases} a + 2b + 3c = -d \\ a + 5b + 3c = -d \\ 3a + 3b + 3c = -d \end{cases} \Rightarrow \begin{cases} b = 0 \\ a + 2b + 3c = -d \\ 3a + 3b + 3c = -d \end{cases} \Rightarrow \begin{cases} b = a = 0 \\ c = -\dfrac{d}{3} \end{cases}$$

圆柱下底平面方程为 $z = 3$.

（2）设 $O(x,y,z)$，那么为求出 $(x,y,z)$ 有方程组 $z=3$
$$(x-1)^2+(y-2)^2+(z-3)^2$$
$$=(x-1)^2+(y-5)^2+(z-3)^2$$
$$=(x-3)^2+(y-3)^2+(z-3)^2$$

$$\Rightarrow \begin{cases} z=3 \\ y^2-4y+4=y^2-10y+25 \\ x^2-2x+1+y^2-4y+4=x^2-6x+9+y^2-6y+9 \end{cases}$$

$$\Rightarrow \begin{cases} z=3 \\ y=\dfrac{7}{2} \\ 4x=-2y+13 \end{cases} \Rightarrow \begin{cases} x=\dfrac{3}{2} \\ y=\dfrac{7}{2} \\ z=3 \end{cases}$$

（3）上底平面方程 $z=d$，因为下底和上底平面是平行的，点 $D$ 位于这个平面上，所以 $d=7$.

由此可求出圆柱的高 $H=7-3=4$，再求出上底圆心的坐标 $O_1\left(\dfrac{3}{2},\dfrac{7}{2},7\right)$，最后求出圆柱体积
$$V=\pi R^2 \cdot H=4\pi\left[\left(\dfrac{2}{3}-1\right)^2+\left(\dfrac{7}{2}-2\right)^2\right]$$
$$=4\pi \cdot \dfrac{1+9}{4}=10\pi$$

## 工艺系

1. $x=\dfrac{\pi}{4}+k\pi(k\in \mathbf{Z})$，$x\in\left(\dfrac{\pi}{4},\dfrac{\pi}{2}\right)$.

2. $\dfrac{8}{3}$.

3. 1.

4. $\cos(\widehat{\overrightarrow{BC},\overrightarrow{AC}})=\dfrac{1}{\sqrt{1+4\sin^2\dfrac{a}{2}}}$，$S=a^2(1+3\sin^2 a)$.

5. 边长为 $\dfrac{a}{2}$，$\dfrac{a}{2}$，$\dfrac{\sqrt{2-\sqrt{3}}a}{2}$.

## 黑色金属与合金冶金系

1. $x_1 = 0$, $x_2 = \dfrac{4}{3}$.
2. $x \in [0,1] \cup [4,16]$.
3. $x_1 = \dfrac{\pi}{4} + k\pi$, $x_2 = \operatorname{arccot} 2 + k\pi (k \in \mathbf{Z})$.
4. $-4$.
5. $\dfrac{\pi}{3}$.

## 有色及稀有金属与合金冶金系

1. $x \in [-1, 4)$.
2. $x_1 = k\pi$, $x_2 = -\arctan 2 + k\pi (k \in \mathbf{Z})$.
3. $\dfrac{1}{\sqrt{3}}$.
4. $\dfrac{1}{2}\ln 2$.
5. 矢量长为 $\sqrt[6]{200}$, $2\sqrt[6]{200}$, $3\sqrt[6]{200}$.

## 物理化学系

1. $x \in [-7, -\sqrt{35}] \cup [5, \sqrt{35}]$.
2. $x = (-1)^n \dfrac{\pi}{4} + n\pi (n \in \mathbf{Z})$.
3. 最大值 $y(6) = 132$, 最小值 $y(3) = -57$.
4. $B\left(-\dfrac{17 + 2\sqrt{307}}{27}, \dfrac{71 + 2\sqrt{307}}{27}, \dfrac{59 - \sqrt{307}}{27}\right)$,
   $C\left(\dfrac{1}{3}, \dfrac{5}{3}, \dfrac{8}{3}\right)$.
   或 $B\left(-\dfrac{17 + 2\sqrt{307}}{27}, \dfrac{71 - 2\sqrt{307}}{27}, \dfrac{59 + \sqrt{307}}{27}\right)$,
   $C(-1, 3, 2)$.

# 第9章 莫斯科电子技术学院

## （一）

1. $x_1 = \pi + 2k\pi$, $x_2 = \pm\dfrac{\pi}{3} + 2nl$ ($k, l \in \mathbf{Z}$).
2. $\{10\}$.
3. 9.
4. $2a$.
5. **0**.

## （二）

1. $x = \dfrac{\pi}{4} + k\pi$ ($k \in \mathbf{Z}$).
2. $\{10, 10^5\}$.
3. $\dfrac{8}{9}$.
4. 1.
5. $c_1 = (1, 0, 1)$, $c_2 = \left(-\dfrac{1}{3}, \dfrac{4}{3}, -\dfrac{1}{3}\right)$.

# 第10章 莫斯科航空学院

## 各公共技术系代数及分析基础考试

1. 略.
2. $\{5\}$.
3. 在区间 $(-\infty,1]$ 及 $[2,+\infty)$ 上单调调递,在 $[1,2]$ 上单调递减,当 $x=1$ 时有极大值,当 $x=2$ 时有极小值.
4. $[0, 2-\sqrt{2}) \cup (2+\sqrt{2}, 6]$.
5. $\left(-\dfrac{3}{2}, 1-\sqrt{3}\right) \cup \left(1+\sqrt{3}, +\infty\right)$.

【提示】要求的条件,当且仅当 $(x_1+x_2)-x_1 x_2 > 0$ 及 $f(1) > 0$ 时被满足.

## 各公共技术系几何及三角考试

1. 略.
2. $c = \left(\dfrac{4}{\sqrt{3}}, -\dfrac{1}{\sqrt{3}}, -\dfrac{2}{\sqrt{3}}\right)$.
3. $x_1 = -\dfrac{\pi}{4} + k\pi,\ x_2 = -\dfrac{\pi}{2} + 2\pi l,\ x_3 = 2\pi m\ (k, l, m \in \mathbf{Z})$.
4. $h = \sqrt[4]{3}$ dm, $p = \dfrac{8}{\sqrt[4]{3}}$ dm.
5. $\dfrac{h^3 \sqrt{\cos(\beta+\varphi)\cos(\beta-\varphi)}}{\sin 2\beta \sin \varphi \cos \beta}$.

## 应用数学系

1. $(-\infty, -4) \cup \left(\dfrac{7}{2}, +\infty\right)$.
2. $\left\{\dfrac{\pi}{3}, \dfrac{2\pi}{3}\right\}$.

3. $\left(\dfrac{3}{2}, \dfrac{13}{4}\right)$.

4. $\dfrac{\sqrt{51}}{3}$.

5. 当 $a \in (-\infty, 0) \cup (1, +\infty)$ 时,$M \cap N \neq \varnothing$;

   当 $a < 0$ 时,$M \cap N = \left(\dfrac{1}{1-a}, \dfrac{3a^2}{a-3}+1\right)$.

# 第 11 章 喀山航空学院

## （一）

1. $\dfrac{\sqrt{2}}{6}a^3 \cdot \dfrac{\cos\dfrac{a}{2}}{\sqrt{-\cos a}}$.

2. $\{1-\sqrt{33},\ 2\}$.

3. $x_1 = -\dfrac{\pi}{4}+k\pi,\ x_2 = \pm\dfrac{2}{3}\pi+2\pi l\,(k,l\in \mathbf{Z})$.

4. $x=-2$ 为极大值之点, $x=2$ 为极小值之点.

5. $\sqrt{18}$.

## （二）

1. $\dfrac{\sqrt{2}}{6}s\sqrt{s}\ \sqrt{\tan\alpha\,\tan\beta}$.

2. $(2,3)\cup(4,+\infty)$.

3. $x=\dfrac{\pi}{4}+\dfrac{\pi}{2}k\ \ (k\in\mathbf{Z})$.

4. $(1,-3)$.

5. $\dfrac{1}{3}+\ln 2$.

# 第 12 章  莫斯科航空工学院

## 笔试一

1. 略.

2. $\left\{-\dfrac{9}{2}, 3\right\}$.

3. $\dfrac{1}{3}a^3\pi\dfrac{\sin^2\beta\sin^2\gamma}{\sin^2(\beta+\gamma)}$.

4. $x_1=\dfrac{\pi}{2}k$, $x_2=\pm\dfrac{\pi}{6}+\pi l(k,l\in\mathbf{Z})$.

5. 底面半径为 $R=\sqrt{2}$, 高为 $4R$.

## 笔试二

1. 略.

2. $\{9\}$.

3. $\dfrac{S}{2}\left(\dfrac{1}{\cos\alpha}+\dfrac{1}{\cos\beta}\right)$.

4. $x_1=2k\pi$, $x_2=\dfrac{\pi}{6}+\dfrac{2\pi}{3}l(k,l\in\mathbf{Z})$.

5. 任何地方都没有(函数 $f$ 在 $\mathbf{R}$ 上是单调递减的).

## 口试一

1. 略.

2. $\varnothing$(空集).

3. 在 $[-1,0)$ 及 $(0,1]$ 上.

4. $\left(-\infty,\log_2\dfrac{5-\sqrt{21}}{2}\right)\cup\left(\log_2\dfrac{5+\sqrt{21}}{2},+\infty\right)$.

## 口试二

1. 略.

2. $-\dfrac{\sqrt{5}}{2}$.

3. $x = (-1)^k \dfrac{\pi}{6} + k\pi \quad (k \in \mathbf{Z})$.

# 第 13 章 莫斯科动力学院

## （一）

1. $-\dfrac{1}{8}$.

2. $\{(\sqrt[4]{3},1),(\sqrt[4]{3},-1)\}$.

3. $\sqrt{3}-1$.

4. $\left\{-\dfrac{\pi}{2},\dfrac{\pi}{2},\dfrac{3}{2}\pi\right\}$.

5. 【提示】如果在截面上所得的等腰三角形的底边位于平面 $ABCD$ 上. 如果其底边位于平面 $CDD_1C_1$（或在平面 $BCC_1B_1$ 上）.

## （二）

1. $-\dfrac{8x}{(x^2-4)^2}$.

2. $(100,+\infty)$.

3. $\dfrac{1}{4}$.

4. $\left\{-\pi,-\dfrac{5}{6}\pi,-\dfrac{2}{3}\pi,0,\dfrac{\pi}{6},\dfrac{\pi}{3}\right\}$.

5. $\dfrac{\pi}{24h}(16S^2+h^4\cot^2\alpha+6Sh^2\cot\alpha)$.

# 第14章 莫斯科地质勘探学院

## （一）

1. 马耕地 $2 \text{ km}^2$，拖拉机耕地 $4 \text{ km}^2$.

2. $15 - 16\ln 2$.

3. $-\dfrac{p^3}{24} \cdot \dfrac{\sin 2\alpha \tan \varphi}{(\sin \alpha + \cos \alpha + 1)^3}$.

4. $x_1 = \dfrac{\pi}{4} + \dfrac{\pi}{2}k$，$x_2 = \dfrac{\pi}{2}l(k,l \in \mathbf{Z})$.

## （二）

1. 全程的平均速度为 $35 \text{ km/h}$.

【解】设用 $x(\text{km/h})$ 表示所求速度，第二段路程的长度为 $y(\text{km})$，第三段路程的长度为 $z(\text{km})$，则

$$\frac{6z}{x-2} + \frac{y}{x} + \frac{z}{2x-15} = \frac{6z+y+z}{x}$$

$$\frac{6z}{x-2} + \frac{z}{2x-15} = \frac{7z}{x}$$

$$\frac{6}{x-2} + \frac{1}{2x-15} = \frac{7}{x}$$

由此得出 $x_1 = 35$，$x_2 = 6$，第二个根不合适. 因为 $2x_2 - 15 < 0$.

2. $3\dfrac{8}{15}$.

3. $\dfrac{1}{3}a^3 \sin \dfrac{\alpha}{2} \cos \alpha \tan \varphi$.

【提示】设点 $S$ 为该棱锥顶点，点 $O$ 为其底面高的交点，则 $SO$ 为它的高.

4. $x = \pm \dfrac{\pi}{6} + k\pi (k \in \mathbf{Z})$.

# 第15章　托姆自动控制系统与无线电电子技术学院

## （一）

1. $x=-1$ 为极大值之点，$x=3$ 为极小值之点.

2. $x_1=\dfrac{\pi}{5}k$，$x_2=\dfrac{\pi}{2}l(k,l\in\mathbf{Z})$.

3. $\left(-\infty,2\dfrac{1}{3}\right)\cup(3,+\infty)$.

4. $6\sqrt[6]{3}\sqrt[3]{\dfrac{V^2}{\tan^2\alpha}\dfrac{\cos^2\dfrac{\alpha}{2}}{\cos\alpha}}$.

## （二）

1. $36=6\times 6$.

2. $\dfrac{4\sqrt{3}+3}{10}$.

3. $\left\{\dfrac{1}{10^4},10\right\}$.

4. $\dfrac{a^3\pi}{6}\sin^3\alpha\tan^3\dfrac{\varphi}{2}$.

# 第 16 章　莫斯科建筑学院

## 口试一

1. 略.
2. (1) $m^2 - 2$.
   (2) $m(m^2 - 3)$.
   (3) $\sqrt{m^2 - 4}$ 或 $-\sqrt{m^2 - 4}$.

【提示】所求面积的那个图形为一个正方形与四个弓形的并.

## 口试二

1. 略.
2. 8.
3. $\sqrt{41.36} \approx 6.4(\mathrm{m})$.

【提示】设 $\alpha(x)$ 为站在距离为 $x$ 处的人看塑像的角度,这样 $x$ 的函数 $\alpha(x)$ 及 $\tan\alpha(x)$ 就在同一点上取得最大值.

# 第17章 莫斯科大地测量、空中摄影及制图工程学院

## （一）

1. $x=2$.
2. 8.
3. $x \in (-\infty, 3) \cup (-2, -1)$.
4. $x \in [-1, 0) \cup (0, 1]$.

## （二）

1. $x = \dfrac{3}{2}$.
2. $x = \dfrac{2n\pi}{3}$, $x = 2n\pi - \dfrac{\pi}{2}$, $x = \dfrac{\pi}{4} + n\pi (n \in \mathbf{Z})$.
3. $x \in (-\infty, -4) \cup [-1, 1] \cup (4, +\infty)$.
4. $z = 4$.
5. $S = 1$ 平方单位.

## （三）

1. $x = 100$.
2. $x = \dfrac{\pi}{4} + \dfrac{n\pi}{2}$, $x = \pm\dfrac{\pi}{6} + \pi n (n \in \mathbf{Z})$.
3. $x \in \left(0, \dfrac{8}{5}\right) \cup \left(\dfrac{5}{2}, +\infty\right)$.
4. $z = 3$.
5. $-\left(\dfrac{3}{2}\right)^3$.

# 第18章 国立莫斯科师范学院

## （一）

1. $3L$.

2. $\dfrac{8}{3}$.

4. $|AC|=|BD|=5$, $AC\cap BD=\left(\dfrac{5}{2},1,1\right)$.

5. $\dfrac{3\sqrt{3}}{8}a^2$.

## （二）

1. 23.

2. $\dfrac{15}{4}-\ln 2$.

4. $\arccos\dfrac{63}{\sqrt{6\,441}}$.

5. $\arccos\dfrac{1}{3}$.

# 第 19 章　国立列宁格勒师范学院

## （一）

1. 3.

2. $[4-\sqrt{2},3) \cup (4+\sqrt{2},+\infty)$.

3. $x=(-1)^{k+1}\dfrac{\pi}{12}+\dfrac{\pi}{2}k(k\in \mathbf{Z})$.

4. 在区间 $(-\infty,-3]$ 及 $[-1,+\infty)$ 函数 $f$ 单调递减，在区间 $[-3,-2)$ 及 $(-2,-1]$ 上单调递增，点 $-3$ 是函数的极小值点，点 $-1$ 是函数的极大值点.

5. $\arccos \dfrac{4}{5}$.

## （二）

1. 略.

2. $\{1-\sqrt{3},0,2,1+\sqrt{3}\}$.

3. $\left(\dfrac{3}{4},1\right) \cup (1,+\infty)$.

4. $4\dfrac{1}{2}$.

5. $\dfrac{1}{4}C^2$.

# 第20章 州立莫斯科师范学院

## 数学系

1. $12 - 5\ln 5$.

2. 【提示】在相似中心为 $AC \cap BD$,相似系数为 $\dfrac{|CD|}{|AB|}$ 的位似变换下,$AB$ 上作的正方形就变换为在 $CD$ 上作的正方形.

3. $(-3, -1)$.

4. $x_1 = \dfrac{1}{2}\arctan 2 + 2k\pi$, $x_2 = \dfrac{1}{2}\arctan 2 - \dfrac{\pi}{2} + 2\pi l (k, l \in \mathbf{Z})$.

5. "上"多面体与"下"多面体的体积之比为 $\dfrac{3}{5}$.

## 物理系

1. $y = -x - \dfrac{1}{4}$.

2. $\sqrt{7}$.

3. $\left(\dfrac{1}{3}, 2\right)$.

4. $x = \pm \dfrac{\pi}{3} + 2k\pi (k \in \mathbf{Z})$.

5. $\dfrac{9}{4}a^2$.

## ◎ 编辑手记

中国的数学教学体系从 20 世纪中叶开始是学习苏联的. 著名数学家罗伯特·朗兰兹(Robert Langlands)的学生, 香港中文大学教授黎景辉(K·F·Lai)曾回忆说:"在(20 世纪)60 年代我遇到一位(20 世纪)50 年代在兰州大学毕业, 曾经参加建造兰州原子反应堆的工程师, 他告诉我, 他念本科时是念完五卷斯米尔诺夫(Smirnov)的《高等数学教程》. 这五卷书包括微积分、线性代数、泛函分析、常微分方程、偏微分方程, 真厉害!"后来由于一系列令人眼花瞭乱的政治运动使得刚刚建立起来的良好体系一夜间崩溃, 数学教育冲击尤为严重.

陈丹青曾批评当今的中国教育: 将当今教育体制种种表面文章与严格措施删繁就简, 不过四句话: 将小孩当大人管, 将大人当小孩管; 简单的事情复杂化, 复杂的事情简单化. 数学教学是个复杂的东西. 不能简单处理! 本书是编译苏联的东西, 由于俄语日渐势微, 所以苏联有许多好东西都不被世人所认识, 比如小提琴.

即便是琴技出众, 也难以保证一定可以成名立万. 1965 年摘得帕格尼尼(N·Paganini)小提琴大赛的苏联小提琴家维克托·皮凯琴(Viktor Pikaizen)甚至对于不少音乐爱好者来说都十分陌生. 这位以 32 岁"高龄"在热那亚夺冠的小提琴家有典型的俄罗斯学派的印记, 但是却比奥伊斯特拉赫更为轻盈, 比科岗的琴声更加温暖. 他也是少数可以在音乐会上完整演奏帕格尼尼 24 首随想曲的小提琴家之一, 曾经演出过 70 多场; 此外他也擅长演奏巴赫与伊萨依的无伴奏作品. 然而由于冷战的封锁,西方世界对皮凯琴几乎一无所知,直到近年来俄罗斯唱片公司 Melodiya 推出了一系列他的独奏作品唱片,人们才重新意识到他的价值.

如果说音乐和艺术还可以在不懂俄语的情况下被欣赏,那么文学、数学则必须依靠翻译.强大的翻译能力是国家强盛的必要条件,世界近代史充分证明了这一点.

欧洲是翻译大国.欧洲还没有开始翻译以前,它没有中国发达.通过翻译,17世纪小的英国成为当时最强的国家.翻译是看,看是了解,了解是知道人在哪里可以获得好处.

但是为什么会这样呢?读,德文说 lesen.这个动词是拉丁文来的:legere.无论是德文还是拉丁文,两个动词都有两个意思:一、从地上捡起来东西,二、看书.两个意思有关系吗?有!宝贵的东西我才会捡起来.看书应该有心得,从书上捡起的心得会给我们生活带来变化.最明显的例子是马克思的著作对中国的影响,如果中国人没有翻译和阅读过《资本论》,那么就没有新中国.翻译的道理就是这么简单.

近年来由于佩雷尔曼戏剧性地解决了悬而未决的庞加莱猜想.苏联优良的数学教育传统又重新回到了世人的视野.关于苏联数学昔日的辉煌,华东师范大学张奠宙先生早有系统的介绍.1966年国际数学家会议在莫斯科举行.人们普遍认为,苏联数学学派已经领先于世界数坛,成为世界数学中心之一.过去只见德、法、英语数学著作译成俄文,现在则是大量俄文数学著作译为英文的时代.甚至许多俄文数学期刊,美国都有全文的译本.研读数学的大学生往往把俄语作为必读的外国语.

俄国的数学是有良好传统的.早在18世纪,伯努利家庭的尼古拉(Nicolas Ⅲ,1695—1726)和丹尼尔(Daniel,1700—1782)来到俄国工作,并向沙皇叶卡德林娜一世推荐欧拉(Euler).这位大数学曾在彼得堡工作31年.

19世纪的俄国数学家中,最著名的当然是罗巴切夫斯基(Lobačevskiǐ,1793—1856),以创立非欧几何蜚声全球,他所在的喀山大学多受德国的影响.与罗巴切夫斯基同时的有奥斯特罗格拉德斯基(Ostrogradskiǐ,1801—1861),他擅长分析,在彼得堡科学院执教,受法国影响较多.在19世纪后半叶,俄国数学学派的一位代表人物是彼得堡的切比雪夫(Tschebyscheff,1821—1894),他亦以分析见长,在概率论、逼近论和数论方面诸多贡献.他在1847年任彼得堡大学教授以后,培养了大批优秀学生,逐渐形成了彼得堡学派.

切比雪夫的学生中最有名的有两个.一个是 A·A·马尔柯夫(A·A·

Markov,1856—1922).他在1893年任彼得堡教授,以概率论研究著称,特别是提出一种随机过程理论——现在称为"马尔柯夫过程",应用甚广.另一个优秀学生是李雅普诺夫(A·M·Ljapunov,1857—1918),他在彼得堡取得博士学位以后,在克拉科夫和敖德萨的大学任教,创立微分方程的稳定性理论,影响深远.

进入20世纪以后,莫斯科的函数论学派做出了巨大贡献.它的创始人是叶戈罗夫(Egorov,1869—1931)和鲁金(Lusin,1883—1950),关于可测函数的叶戈罗夫定理已列入任何一本实变函数论的教科书.鲁金是叶戈罗夫的学生,1906年去巴黎大学深造,1910年聘为莫斯科大学助教,1911~1918年又去巴黎和哥廷根游学,深受法国函数论学派(主要是勒贝格(Lebesgue))的影响.1912年,鲁金证明可测函数的构造定理.1915年发表他的博士论文"积分及三角级数",成为莫斯科数学家日后发展的起点.

较鲁金稍为年轻的是亚历山大罗夫(Alexandroff,1896—1982)和乌里松(Urysohn,1898—1924),他们都是鲁金的学生.十月革命以后毕业于莫斯科大学,他们先在实变函数论领域内做出贡献,然后都转向拓扑学.1923年,苏维埃国家刚建立不久,就委派他们出访哥廷根,受到热烈赞扬.1924年,他们再度去德、荷、法诸国,布劳维尔、豪斯道夫(Hausdorff)、克莱因(Klein)等著名数学家给予高度评价,乌里松在布列塔尼海滨游泳时不幸溺水而死,年仅26岁.亚历山大罗夫成为20世纪拓扑学的先驱之一.

莫斯科大学在拓扑方面的一位著名数学家是庞特里亚金(Pontrjagin,1908—  ),他的数学生涯是传奇式的.14岁那年,他由于做化学实验发生严重事故,以至双目失明,后来在他母亲帮助下,走上数学道路.1929年,他毕业于莫斯科大学数学系.毕业后在斯捷克洛夫(Steklov)数学研究所工作.他的成就十分广泛,著名于世的工作有庞特里亚金示性类、同位理论、连续群的表示、极值原理、振动理论、变分学等问题.他双目失明,请秘书代读,用他惊人的记忆力和敏捷的思维得出许多常人所得不到的结果,然后口述记录发表.

和庞特里亚金同年出生的索波列夫(Sobolev,1908—  )也是20世纪一位著名的微分方程学者.他于1936年运用广义函数论的思想构造微分方程在某种空间上的广义解.这种空间已普遍称之为索波列夫空间,是现代微分方程论的先驱性工作.

在莫斯科学派中,20世纪出生的数学家柯尔莫戈洛夫(Kolmogoroff,1903—  )成绩最为辉煌.1925年毕业于莫斯科大学后,首先在函数论方面做了大量工作.三角级数、测度论、集论、积分论等领域都有他的足迹.他构造出一个可和函数,其富氏级数处处发散的例子曾经引人注目.接着他搞过逻辑,研究过上同调理论,接触过力学和微分方程.但是柯尔莫戈洛夫最著名的工作是在概率论的公理化方面.他第一个把概率论建立在完全严格的数学基础之上,其工具则是莫斯科学派的看家本领——实变函数论和测度论.1933年的这一工作已经载入数学史册,成为苏联数学最光辉的一页.

回顾勒贝格创立积分论时,在西欧诸国引起关于病态函数的争论,一般人裹足不前.但叶戈罗夫和鲁金却看准了这一生长点,抓住不放,捷足先登,做出了一批成绩.然后在实变函数论研究上形成集体,构成学派,迅速跃入世界前列.同时莫斯科学派并未停止在函数论领域内,而是扩大战果、四面出击,在拓扑学、微分方程、概率论几方面充分运用实变函数论的工具加以发挥,终于形成了新的高峰.莫斯科学派的发展壮大也是和十月革命以后社会主义制度的优越性分不开的.但是科学方法正确,路子对头,确实收到了事半功倍之效.

柯尔莫戈洛夫和辛钦(Hinčen,1894—1959)一起发展了"马尔柯夫过程"和"平衡随机过程"并将它们用于大炮自动控制和一系列工农业生产中去,在卫国战争中立了功.柯尔莫戈洛夫在第二次世界大战中继续做了许多开创性的工作,如空间的"熵"概念等.

苏联的列宁格勒(即彼得堡)学派和莫斯科学派都得到不断发展.当前最负盛名的老一辈数学中,还应该提到的有两人:

一是康托洛维奇(Kantorovic,1912—　).他1930年毕业于列宁格勒大学,1934年即升为教授,1958~1971年他是西伯利亚科学院分院数学研究的领导人.他的工作包括集合论、半序空间及其泛函、泛函与计算方法、算子方程的近似解.他最出名的工作是在研究国民经济计划上提出的线性规划解法.目前已成为数学经济学最基本的课题,具有强大的生命力.

二是盖尔芳特(Gelfand,1913—　).他的成名之作是1941年在莫斯科大学当研究生时的创造——"赋范环论",将经典分析、代数、泛函分析巧妙地组合在一起,得出完美无比的理论系统.后来他的工作涉及无限维表示论、广义函数论的创立、自守函数、谱分解等理论.20世纪70年代以后,转向代数研究并致力于生物数学.盖尔芳特是犹太人,和他长期合作的纳依玛克(Naimark)也是犹太人.顺便指出,盖尔方特(Gelond,1906—1968)也是莫斯科大学教授,以解决希尔伯特第七问题著名,二者的姓只有一字之差,常常被人混同.

苏联数学的特点是扎根于基础教育.青年人受到严格的数学训练,在理论上见长,应用数学过去稍为逊色,但近年来也有改观. 当今世界上的任何数学方向几乎都有苏联数学家参加. 除了列宁格勒和莫斯科的大学派之外,在敖德萨的克莱因做了许多有关泛函分析方面的工作. 在乌克兰的基辅,切伯塔廖夫(Tschbotalev)领导的代数学派很有成绩. 喀山学派也连续有人才冒出. 近年来,在解决世界难题方面苏联数学家为数最多,而且都是年轻人,前途不可估量. 像普罗霍罗夫(Prohorov)、斯科尔霍(Skolhold)(概率论)、阿诺尔德(Arnold,拓扑学)等人都已名噪一时. 在1970和1978年两届国际数学会议上,都有苏联数学家获菲尔兹奖. 一般认为,苏联数学研究的后备力量极强,在数坛上还将继续称雄一个时期.

在考察苏联数学发展史时,不能不提到切比雪夫的另一位学生斯捷克洛夫(Steklov,1864—1926). 他在彼得堡大学毕业后,曾在克拉科夫工作,本人有过若干工作,不甚著名,他的功绩在于组织苏维埃的数学研究. 他从十月革命胜利后的1918年起,即投身于数学研究所的建立. 在那艰难的年代里,他不知疲倦地做组织工作,帮助已有成果的数学家出专著,发行数学杂志. 1921年,苏联科学院的物理数学研究所正式成立,斯捷克洛夫主持数学部分的工作,直到1926年去世为止. 1934年数学和物理分别建所,分别命名为列别捷夫物理研究所和斯捷克洛夫数学研究所,以纪念他们筹建时的贡献,这一名称一直使用到现在.

中国目前的教育早已抛弃了早年全面学习苏联的传统,一切向西方看齐,唯美国马首是瞻. 这种倾向早在20世纪初就有人批判过.

1950年6月20日,在中国科学院召开的第一次扩大院务会议上,郭沫若院长和陶孟和、竺可桢副院长的报告内容都与本院业务工作有关,唯独李四光副院长做了一个以批判"买办意识"和"买办教育制度"为主旨的政治报告. 这是李四光登上院领导岗位后的第一次讲话,这部分内容,成为他20天后公开发表的另一篇文章中的一部分:

近几十年来,中国正式接受了西方社会的那一套. 买办风气是在这样的连环制度中养成的,由小学而中学而大学,是选择和训练的第一环……由大学毕业,而出洋而入外国大学,而做研究,而写博士论文,是选择训练的第二环……一个外国博士的头衔,已经保证了你在中外"士林"的地位,尤其是得到外国教授的支持,于是归国服务,进入第三环. 在服务的初期,多半不离学校或半学术性的团体,把青年人引到你所走的道路上去,这样三环就完全接头了,自成一个制度了. 假如你够聪敏,在这一阶段中,你能集中国旧社会(封建主义和官僚资本主义的一切)和外国社会(资本主义和帝国主义的一切)的大成,你就成了一代领袖人物,学术团体里少不了你,衙门里少不了你,洋行里和外交集会上也少不了你.尤其重要的是,你得到若干有力的外国人做你的后台老板,你一切的活动就有了外国的根基,学术工作,不是例外.反过来说,你得不到外国人的支持,或者你不接受他们的"指导"而单独工作,你就该倒霉了,这是训练和选拔买办的第二步.

以史为鉴可以知兴替.在今天重温这些俄罗斯早期的高考试题应该是很有意义的,而且人家早就自主招生了!

刘培杰<br>
2015.1.28<br>
于哈工大

# 哈尔滨工业大学出版社刘培杰数学工作室
# 已出版(即将出版)图书目录

| 书　　名 | 出版时间 | 定　价 | 编号 |
|---|---|---|---|
| 新编中学数学解题方法全书(高中版)上卷 | 2007—09 | 38.00 | 7 |
| 新编中学数学解题方法全书(高中版)中卷 | 2007—09 | 48.00 | 8 |
| 新编中学数学解题方法全书(高中版)下卷(一) | 2007—09 | 42.00 | 17 |
| 新编中学数学解题方法全书(高中版)下卷(二) | 2007—09 | 38.00 | 18 |
| 新编中学数学解题方法全书(高中版)下卷(三) | 2010—06 | 58.00 | 73 |
| 新编中学数学解题方法全书(初中版)上卷 | 2008—01 | 28.00 | 29 |
| 新编中学数学解题方法全书(初中版)中卷 | 2010—07 | 38.00 | 75 |
| 新编中学数学解题方法全书(高考复习卷) | 2010—01 | 48.00 | 67 |
| 新编中学数学解题方法全书(高考真题卷) | 2010—01 | 38.00 | 62 |
| 新编中学数学解题方法全书(高考精华卷) | 2011—03 | 68.00 | 118 |
| 新编平面解析几何解题方法全书(专题讲座卷) | 2010—01 | 18.00 | 61 |
| 新编中学数学解题方法全书(自主招生卷) | 2013—08 | 88.00 | 261 |
| 数学眼光透视 | 2008—01 | 38.00 | 24 |
| 数学思想领悟 | 2008—01 | 38.00 | 25 |
| 数学应用展观 | 2008—01 | 38.00 | 26 |
| 数学建模导引 | 2008—01 | 28.00 | 23 |
| 数学方法溯源 | 2008—01 | 38.00 | 27 |
| 数学史话览胜 | 2008—01 | 28.00 | 28 |
| 数学思维技术 | 2013—09 | 38.00 | 260 |
| 从毕达哥拉斯到怀尔斯 | 2007—10 | 48.00 | 9 |
| 从迪利克雷到维斯卡尔迪 | 2008—01 | 48.00 | 21 |
| 从哥德巴赫到陈景润 | 2008—05 | 98.00 | 35 |
| 从庞加莱到佩雷尔曼 | 2011—08 | 138.00 | 136 |
| 数学解题中的物理方法 | 2011—06 | 28.00 | 114 |
| 数学解题的特殊方法 | 2011—06 | 48.00 | 115 |
| 中学数学计算技巧 | 2012—01 | 48.00 | 116 |
| 中学数学证明方法 | 2012—01 | 58.00 | 117 |
| 数学趣题巧解 | 2012—03 | 28.00 | 128 |
| 三角形中的角格点问题 | 2013—01 | 88.00 | 207 |
| 含参数的方程和不等式 | 2012—09 | 28.00 | 213 |

I

# 哈尔滨工业大学出版社刘培杰数学工作室
# 已出版(即将出版)图书目录

| 书  名 | 出版时间 | 定  价 | 编号 |
|---|---|---|---|
| 数学奥林匹克与数学文化(第一辑) | 2006—05 | 48.00 | 4 |
| 数学奥林匹克与数学文化(第二辑)(竞赛卷) | 2008—01 | 48.00 | 19 |
| 数学奥林匹克与数学文化(第二辑)(文化卷) | 2008—07 | 58.00 | 36' |
| 数学奥林匹克与数学文化(第三辑)(竞赛卷) | 2010—01 | 48.00 | 59 |
| 数学奥林匹克与数学文化(第四辑)(竞赛卷) | 2011—08 | 58.00 | 87 |
| 数学奥林匹克与数学文化(第五辑) | 2014—09 |  | 370 |
| 发展空间想象力 | 2010—01 | 38.00 | 57 |
| 走向国际数学奥林匹克的平面几何试题诠释(上、下)(第1版) | 2007—01 | 68.00 | 11,12 |
| 走向国际数学奥林匹克的平面几何试题诠释(上、下)(第2版) | 2010—02 | 98.00 | 63,64 |
| 平面几何证明方法全书 | 2007—08 | 35.00 | 1 |
| 平面几何证明方法全书习题解答(第1版) | 2005—10 | 18.00 | 2 |
| 平面几何证明方法全书习题解答(第2版) | 2006—12 | 18.00 | 10 |
| 平面几何天天练上卷·基础篇(直线型) | 2013—01 | 58.00 | 208 |
| 平面几何天天练中卷·基础篇(涉及圆) | 2013—01 | 28.00 | 234 |
| 平面几何天天练下卷·提高篇 | 2013—01 | 58.00 | 237 |
| 平面几何专题研究 | 2013—07 | 98.00 | 258 |
| 最新世界各国数学奥林匹克中的平面几何试题 | 2007—09 | 38.00 | 14 |
| 数学竞赛平面几何典型题及新颖解 | 2010—07 | 48.00 | 74 |
| 初等数学复习及研究(平面几何) | 2008—09 | 58.00 | 38 |
| 初等数学复习及研究(立体几何) | 2010—06 | 38.00 | 71 |
| 初等数学复习及研究(平面几何)习题解答 | 2009—01 | 48.00 | 42 |
| 世界著名平面几何经典著作钩沉——几何作图专题卷(上) | 2009—06 | 48.00 | 49 |
| 世界著名平面几何经典著作钩沉——几何作图专题卷(下) | 2011—01 | 88.00 | 80 |
| 世界著名平面几何经典著作钩沉(民国平面几何老课本) | 2011—03 | 38.00 | 113 |
| 世界著名解析几何经典著作钩沉——平面解析几何卷 | 2014—01 | 38.00 | 273 |
| 世界著名数论经典著作钩沉(算术卷) | 2012—01 | 28.00 | 125 |
| 世界著名数学经典著作钩沉——立体几何卷 | 2011—02 | 28.00 | 88 |
| 世界著名三角学经典著作钩沉(平面三角卷Ⅰ) | 2010—06 | 28.00 | 69 |
| 世界著名三角学经典著作钩沉(平面三角卷Ⅱ) | 2011—01 | 38.00 | 78 |
| 世界著名初等数论经典著作钩沉(理论和实用算术卷) | 2011—07 | 38.00 | 126 |
| 几何学教程(平面几何卷) | 2011—03 | 68.00 | 90 |
| 几何学教程(立体几何卷) | 2011—07 | 68.00 | 130 |
| 几何变换与几何证题 | 2010—06 | 88.00 | 70 |
| 计算方法与几何证题 | 2011—06 | 28.00 | 129 |
| 立体几何技巧与方法 | 2014—04 | 88.00 | 293 |
| 几何瑰宝——平面几何500名题暨1000条定理(上、下) | 2010—07 | 138.00 | 76,77 |
| 三角形的解法与应用 | 2012—07 | 18.00 | 183 |
| 近代的三角形几何学 | 2012—07 | 48.00 | 184 |
| 一般折线几何学 | 即将出版 | 58.00 | 203 |
| 三角形的五心 | 2009—06 | 28.00 | 51 |
| 三角形趣谈 | 2012—08 | 28.00 | 212 |
| 解三角形 | 2014—01 | 28.00 | 265 |
| 三角学专门教程 | 2014—09 | 28.00 | 387 |
| 距离几何分析导引 | 2015—02 | 68.00 | 446 |

# 哈尔滨工业大学出版社刘培杰数学工作室
# 已出版(即将出版)图书目录

| 书　　名 | 出版时间 | 定　价 | 编号 |
|---|---|---|---|
| 圆锥曲线习题集(上册) | 2013—06 | 68.00 | 255 |
| 圆锥曲线习题集(中册) | 2015—01 | 78.00 | 434 |
| 圆锥曲线习题集(下册) | 即将出版 | | |
| 俄罗斯平面几何问题集 | 2009—08 | 88.00 | 55 |
| 俄罗斯立体几何问题集 | 2014—03 | 58.00 | 283 |
| 俄罗斯几何大师——沙雷金论数学及其他 | 2014—01 | 48.00 | 271 |
| 来自俄罗斯的5000道几何习题及解答 | 2011—03 | 58.00 | 89 |
| 俄罗斯初等数学问题集 | 2012—05 | 38.00 | 177 |
| 俄罗斯函数问题集 | 2011—03 | 38.00 | 103 |
| 俄罗斯组合分析问题集 | 2011—01 | 48.00 | 79 |
| 俄罗斯初等数学万题选——三角卷 | 2012—11 | 38.00 | 222 |
| 俄罗斯初等数学万题选——代数卷 | 2013—08 | 68.00 | 225 |
| 俄罗斯初等数学万题选——几何卷 | 2014—01 | 68.00 | 226 |
| 463个俄罗斯几何老问题 | 2012—01 | 28.00 | 152 |
| 近代欧氏几何学 | 2012—03 | 48.00 | 162 |
| 罗巴切夫斯基几何学及几何基础概要 | 2012　07 | 28.00 | 188 |
| 用三角、解析几何、复数、向量计算解数学竞赛几何题 | 2015—03 | 48.00 | 455 |
| 美国中学几何教程 | 2015—04 | 88.00 | 458 |
| 三线坐标与三角形特征点 | 2015—04 | 98.00 | 460 |
| 超越吉米多维奇——数列的极限 | 2009—11 | 48.00 | 58 |
| 超越普里瓦洛夫——留数卷 | 2015—01 | 28.00 | 437 |
| Barban Davenport Halberstam 均值和 | 2009—01 | 40.00 | 33 |
| 初等数论难题集(第一卷) | 2009—05 | 68.00 | 44 |
| 初等数论难题集(第二卷)(上、下) | 2011—02 | 128.00 | 82,83 |
| 谈谈素数 | 2011—03 | 18.00 | 91 |
| 平方和 | 2011—03 | 18.00 | 92 |
| 数论概貌 | 2011—03 | 18.00 | 93 |
| 代数数论(第二版) | 2013—08 | 58.00 | 94 |
| 代数多项式 | 2014—06 | 38.00 | 289 |
| 初等数论的知识与问题 | 2011—02 | 28.00 | 95 |
| 超越数论基础 | 2011—03 | 28.00 | 96 |
| 数论初等教程 | 2011—03 | 28.00 | 97 |
| 数论基础 | 2011—03 | 18.00 | 98 |
| 数论基础与维诺格拉多夫 | 2014—03 | 18.00 | 292 |
| 解析数论基础 | 2012—08 | 28.00 | 216 |
| 解析数论基础(第二版) | 2014—01 | 48.00 | 287 |
| 解析数论问题集(第二版) | 2014—05 | 88.00 | 343 |
| 解析几何研究 | 2015—01 | 38.00 | 425 |
| 初等几何研究 | 2015—02 | 58.00 | 444 |
| 数论入门 | 2011—03 | 38.00 | 99 |
| 代数数论入门 | 2015—03 | 38.00 | 448 |
| 数论开篇 | 2012—07 | 28.00 | 194 |
| 解析数论引论 | 2011—03 | 48.00 | 100 |

# 哈尔滨工业大学出版社刘培杰数学工作室
# 已出版(即将出版)图书目录

| 书　名 | 出版时间 | 定　价 | 编号 |
|---|---|---|---|
| 复变函数引论 | 2013—10 | 68.00 | 269 |
| 伸缩变换与抛物旋转 | 2015—01 | 38.00 | 449 |
| 无穷分析引论(上) | 2013—04 | 88.00 | 247 |
| 无穷分析引论(下) | 2013—04 | 98.00 | 245 |
| 数学分析 | 2014—04 | 28.00 | 338 |
| 数学分析中的一个新方法及其应用 | 2013—01 | 38.00 | 231 |
| 数学分析例选:通过范例学技巧 | 2013—01 | 88.00 | 243 |
| 三角级数论(上册)(陈建功) | 2013—01 | 38.00 | 232 |
| 三角级数论(下册)(陈建功) | 2013—01 | 48.00 | 233 |
| 三角级数论(哈代) | 2013—06 | 48.00 | 254 |
| 基础数论 | 2011—03 | 28.00 | 101 |
| 超越数 | 2011—03 | 18.00 | 109 |
| 三角和方法 | 2011—03 | 18.00 | 112 |
| 谈谈不定方程 | 2011—05 | 28.00 | 119 |
| 整数论 | 2011—05 | 38.00 | 120 |
| 随机过程(Ⅰ) | 2014—01 | 78.00 | 224 |
| 随机过程(Ⅱ) | 2014—01 | 68.00 | 235 |
| 整数的性质 | 2012—11 | 38.00 | 192 |
| 初等数论100例 | 2011—05 | 18.00 | 122 |
| 初等数论经典例题 | 2012—07 | 18.00 | 204 |
| 最新世界各国数学奥林匹克中的初等数论试题(上、下) | 2012—01 | 138.00 | 144,145 |
| 算术探索 | 2011—12 | 158.00 | 148 |
| 初等数论(Ⅰ) | 2012—01 | 18.00 | 156 |
| 初等数论(Ⅱ) | 2012—01 | 18.00 | 157 |
| 初等数论(Ⅲ) | 2012—01 | 28.00 | 158 |
| 组合数学 | 2012—04 | 28.00 | 178 |
| 组合数学浅谈 | 2012—03 | 28.00 | 159 |
| 同余理论 | 2012—05 | 38.00 | 163 |
| 丢番图方程引论 | 2012—03 | 48.00 | 172 |
| 平面几何与数论中未解决的新老问题 | 2013—01 | 68.00 | 229 |
| 法雷级数 | 2014—08 | 18.00 | 367 |
| 代数数论简史 | 2014—11 | 28.00 | 408 |
| 摆线族 | 2015—01 | 38.00 | 438 |
| 拉普拉斯变换及其应用 | 2015—02 | 38.00 | 447 |
| 历届美国中学生数学竞赛试题及解答(第一卷)1950—1954 | 2014—07 | 18.00 | 277 |
| 历届美国中学生数学竞赛试题及解答(第二卷)1955—1959 | 2014—04 | 18.00 | 278 |
| 历届美国中学生数学竞赛试题及解答(第三卷)1960—1964 | 2014—06 | 18.00 | 279 |
| 历届美国中学生数学竞赛试题及解答(第四卷)1965—1969 | 2014—04 | 28.00 | 280 |
| 历届美国中学生数学竞赛试题及解答(第五卷)1970—1972 | 2014—06 | 18.00 | 281 |
| 历届美国中学生数学竞赛试题及解答(第七卷)1981—1986 | 2015—01 | 18.00 | 424 |

# 哈尔滨工业大学出版社刘培杰数学工作室
# 已出版(即将出版)图书目录

| 书　名 | 出版时间 | 定　价 | 编号 |
|---|---|---|---|
| 历届 IMO 试题集(1959—2005) | 2006—05 | 58.00 | 5 |
| 历届 CMO 试题集 | 2008—09 | 28.00 | 40 |
| 历届中国数学奥林匹克试题集 | 2014—10 | 38.00 | 394 |
| 历届加拿大数学奥林匹克试题集 | 2012—08 | 38.00 | 215 |
| 历届美国数学奥林匹克试题集:多解推广加强 | 2012—08 | 38.00 | 209 |
| 历届波兰数学竞赛试题集.第1卷,1949～1963 | 2015—03 | 18.00 | 453 |
| 历届波兰数学竞赛试题集.第2卷,1964～1976 | 2015—03 | 18.00 | 454 |
| 保加利亚数学奥林匹克 | 2014—10 | 38.00 | 393 |
| 圣彼得堡数学奥林匹克试题集 | 2015—01 | 48.00 | 429 |
| 历届国际大学生数学竞赛试题集(1994—2010) | 2012—01 | 28.00 | 143 |
| 全国大学生数学夏令营数学竞赛试题及解答 | 2007—03 | 28.00 | 15 |
| 全国大学生数学竞赛辅导教程 | 2012—07 | 28.00 | 189 |
| 全国大学生数学竞赛复习全书 | 2014—04 | 48.00 | 340 |
| 历届美国大学生数学竞赛试题集 | 2009—03 | 88.00 | 43 |
| 前苏联大学生数学奥林匹克竞赛题解(上编) | 2012—04 | 28.00 | 169 |
| 前苏联大学生数学奥林匹克竞赛题解(下编) | 2012—04 | 38.00 | 170 |
| 历届美国数学邀请赛试题集 | 2014—01 | 48.00 | 270 |
| 全国高中数学竞赛试题及解答.第1卷 | 2014—07 | 38.00 | 331 |
| 大学生数学竞赛讲义 | 2014—09 | 28.00 | 371 |
| 高考数学临门一脚(含密押三套卷)(理科版) | 2015—01 | 24.80 | 421 |
| 高考数学临门一脚(含密押三套卷)(文科版) | 2015—01 | 24.80 | 422 |
| 整函数 | 2012—08 | 18.00 | 161 |
| 多项式和无理数 | 2008—01 | 68.00 | 22 |
| 模糊数据统计学 | 2008—03 | 48.00 | 31 |
| 模糊分析学与特殊泛函空间 | 2013—01 | 68.00 | 241 |
| 受控理论与解析不等式 | 2012—05 | 78.00 | 165 |
| 解析不等式新论 | 2009—06 | 68.00 | 48 |
| 反问题的计算方法及应用 | 2011—11 | 28.00 | 147 |
| 建立不等式的方法 | 2011—03 | 98.00 | 104 |
| 数学奥林匹克不等式研究 | 2009—08 | 68.00 | 56 |
| 不等式研究(第二辑) | 2012—02 | 68.00 | 153 |
| 初等数学研究(Ⅰ) | 2008—09 | 68.00 | 37 |
| 初等数学研究(Ⅱ)(上、下) | 2009—05 | 118.00 | 46,47 |
| 中国初等数学研究　2009卷(第1辑) | 2009—05 | 20.00 | 45 |
| 中国初等数学研究　2010卷(第2辑) | 2010—05 | 30.00 | 68 |
| 中国初等数学研究　2011卷(第3辑) | 2011—07 | 60.00 | 127 |
| 中国初等数学研究　2012卷(第4辑) | 2012—07 | 48.00 | 190 |
| 中国初等数学研究　2014卷(第5辑) | 2014—02 | 48.00 | 288 |
| 数阵及其应用 | 2012—02 | 28.00 | 164 |
| 绝对值方程—折边与组合图形的解析研究 | 2012—07 | 48.00 | 186 |
| 不等式的秘密(第一卷) | 2012—02 | 28.00 | 154 |
| 不等式的秘密(第一卷)(第2版) | 2014—02 | 38.00 | 286 |
| 不等式的秘密(第二卷) | 2014—01 | 38.00 | 268 |

# 哈尔滨工业大学出版社刘培杰数学工作室
## 已出版(即将出版)图书目录

| 书　名 | 出版时间 | 定　价 | 编号 |
|---|---|---|---|
| 初等不等式的证明方法 | 2010—06 | 38.00 | 123 |
| 初等不等式的证明方法(第二版) | 2014—11 | 38.00 | 407 |
| 数学奥林匹克在中国 | 2014—06 | 98.00 | 344 |
| 数学奥林匹克问题集 | 2014—01 | 38.00 | 267 |
| 数学奥林匹克不等式散论 | 2010—06 | 38.00 | 124 |
| 数学奥林匹克不等式欣赏 | 2011—09 | 38.00 | 138 |
| 数学奥林匹克超级题库(初中卷上) | 2010—01 | 58.00 | 66 |
| 数学奥林匹克不等式证明方法和技巧(上、下) | 2011—08 | 158.00 | 134,135 |
| 近代拓扑学研究 | 2013—04 | 38.00 | 239 |
| 新编640个世界著名数学智力趣题 | 2014—01 | 88.00 | 242 |
| 500个最新世界著名数学智力趣题 | 2008—06 | 48.00 | 3 |
| 400个最新世界著名数学最值问题 | 2008—09 | 48.00 | 36 |
| 500个世界著名数学征解问题 | 2009—06 | 48.00 | 52 |
| 400个中国最佳初等数学征解老问题 | 2010—01 | 48.00 | 60 |
| 500个俄罗斯数学经典老题 | 2011—01 | 28.00 | 81 |
| 1000个国外中学物理好题 | 2012—04 | 48.00 | 174 |
| 300个日本高考数学题 | 2012—05 | 38.00 | 142 |
| 500个前苏联早期高考数学试题及解答 | 2012—05 | 28.00 | 185 |
| 546个早期俄罗斯大学生数学竞赛题 | 2014—03 | 38.00 | 285 |
| 548个来自美苏的数学好问题 | 2014—11 | 28.00 | 396 |
| 20所苏联著名大学早期入学试题 | 2015—02 | 18.00 | 452 |
| 德国讲义日本考题.微积分卷 | 2015—04 | 48.00 | 456 |
| 德国讲义日本考题.微分方程卷 | 2015—04 | 38.00 | 457 |
| 博弈论精粹 | 2008—03 | 58.00 | 30 |
| 博弈论精粹.第二版(精装) | 2015—01 | 78.00 | 461 |
| 数学 我爱你 | 2008—01 | 28.00 | 20 |
| 精神的圣徒 别样的人生——60位中国数学家成长的历程 | 2008—09 | 48.00 | 39 |
| 数学史概论 | 2009—06 | 78.00 | 50 |
| 数学史概论(精装) | 2013—03 | 158.00 | 272 |
| 斐波那契数列 | 2010—02 | 28.00 | 65 |
| 数学拼盘和斐波那契魔方 | 2010—07 | 38.00 | 72 |
| 斐波那契数列欣赏 | 2011—01 | 28.00 | 160 |
| 数学的创造 | 2011—02 | 48.00 | 85 |
| 数学中的美 | 2011—02 | 38.00 | 84 |
| 数论中的美学 | 2014—12 | 38.00 | 351 |
| 数学王者 科学巨人——高斯 | 2015—01 | 28.00 | 428 |
| 王连笑教你怎样学数学:高考选择题解题策略与客观题实用训练 | 2014—01 | 48.00 | 262 |
| 王连笑教你怎样学数学:高考数学高层次讲座 | 2015—02 | 48.00 | 432 |
| 最新全国及各省市高考数学试卷解法研究及点拨评析 | 2009—02 | 38.00 | 41 |
| 高考数学的理论与实践 | 2009—08 | 38.00 | 53 |
| 中考数学专题总复习 | 2007—04 | 28.00 | 6 |
| 向量法巧解数学高考题 | 2009—08 | 28.00 | 54 |
| 高考数学核心题型解题方法与技巧 | 2010—01 | 28.00 | 86 |
| 高考思维新平台 | 2014—03 | 38.00 | 259 |
| 数学解题——靠数学思想给力(上) | 2011—07 | 38.00 | 131 |
| 数学解题——靠数学思想给力(中) | 2011—07 | 48.00 | 132 |
| 数学解题——靠数学思想给力(下) | 2011—07 | 38.00 | 133 |

# 哈尔滨工业大学出版社刘培杰数学工作室
# 已出版(即将出版)图书目录

| 书　名 | 出版时间 | 定　价 | 编号 |
|---|---|---|---|
| 我怎样解题 | 2013—01 | 48.00 | 227 |
| 和高中生漫谈：数学与哲学的故事 | 2014—08 | 28.00 | 369 |
| 2011年全国及各省市高考数学试题审题要津与解法研究 | 2011—10 | 48.00 | 139 |
| 2013年全国及各省市高考数学试题解析与点评 | 2014—01 | 48.00 | 282 |
| 全国及各省市高考数学试题审题要津与解法研究 | 2015—02 | 48.00 | 450 |
| 新课标高考数学——五年试题分章详解(2007~2011)(上、下) | 2011—10 | 78.00 | 140,141 |
| 30分钟拿下高考数学选择题、填空题(第二版) | 2012—01 | 28.00 | 146 |
| 全国中考数学压轴题审题要津与解法研究 | 2013—04 | 78.00 | 248 |
| 新编全国及各省市中考数学压轴题审题要津与解法研究 | 2014—05 | 58.00 | 342 |
| 高考数学压轴题解题诀窍(上) | 2012—02 | 78.00 | 166 |
| 高考数学压轴题解题诀窍(下) | 2012—03 | 28.00 | 167 |
| 自主招生考试中的参数方程问题 | 2015—01 | 28.00 | 435 |
| 近年全国重点大学自主招生数学试题全解及研究.华约卷 | 2015—02 | 38.00 | 441 |
| 近年全国重点大学自主招生数学试题全解及研究.北约卷 | 即将出版 | | |
| 格点和面积 | 2012—07 | 18.00 | 191 |
| 射影几何趣谈 | 2012—04 | 28.00 | 175 |
| 斯潘纳尔引理——从一道加拿大数学奥林匹克试题谈起 | 2014—01 | 28.00 | 228 |
| 李普希兹条件——从几道近年高考数学试题谈起 | 2012—10 | 18.00 | 221 |
| 拉格朗日中值定理——从一道北京高考试题的解法谈起 | 2012—10 | 18.00 | 197 |
| 闵科夫斯基定理——从一道清华大学自主招生试题谈起 | 2014—01 | 28.00 | 198 |
| 哈尔测度——从一道冬令营试题的背景谈起 | 2012—08 | 28.00 | 202 |
| 切比雪夫逼近问题——从一道中国台北数学奥林匹克试题谈起 | 2013—04 | 38.00 | 238 |
| 伯恩斯坦多项式与贝齐尔曲面——从一道全国高中数学联赛试题谈起 | 2013—03 | 38.00 | 236 |
| 卡塔兰猜想——从一道普特南竞赛试题谈起 | 2013—06 | 18.00 | 256 |
| 麦卡锡函数和阿克曼函数——从一道前南斯拉夫数学奥林匹克试题谈起 | 2012—08 | 18.00 | 201 |
| 贝蒂定理与拉姆贝克莫斯尔定理——从一个拣石子游戏谈起 | 2012—08 | 18.00 | 217 |
| 皮亚诺曲线和豪斯道夫分球定理——从无限集谈起 | 2012—08 | 18.00 | 211 |
| 平面凸图形与凸多面体 | 2012—10 | 28.00 | 218 |
| 斯坦因豪斯问题——从一道二十五省市自治区中学数学竞赛试题谈起 | 2012—07 | 18.00 | 196 |
| 纽结理论中的亚历山大多项式与琼斯多项式——从一道北京市高一数学竞赛试题谈起 | 2012—07 | 28.00 | 195 |
| 原则与策略——从波利亚"解题表"谈起 | 2013—04 | 38.00 | 244 |
| 转化与化归——从三大尺规作图不能问题谈起 | 2012—08 | 28.00 | 214 |
| 代数几何中的贝祖定理(第一版)——从一道IMO试题的解法谈起 | 2013—08 | 18.00 | 193 |
| 成功连贯理论与约当块理论——从一道比利时数学竞赛试题谈起 | 2012—04 | 18.00 | 180 |
| 磨光变换与范·德·瓦尔登猜想——从一道环球城市竞赛试题谈起 | 即将出版 | | |
| 素数判定与大数分解 | 2014—08 | 18.00 | 199 |
| 置换多项式及其应用 | 2012—10 | 18.00 | 220 |
| 椭圆函数与模函数——从一道美国加州大学洛杉矶分校(UCLA)博士资格考题谈起 | 2012—10 | 28.00 | 219 |

# 哈尔滨工业大学出版社刘培杰数学工作室
# 已出版(即将出版)图书目录

| 书　名 | 出版时间 | 定　价 | 编号 |
|---|---|---|---|
| 差分方程的拉格朗日方法——从一道2011年全国高考理科试题的解法谈起 | 2012—08 | 28.00 | 200 |
| 力学在几何中的一些应用 | 2013—01 | 38.00 | 240 |
| 高斯散度定理、斯托克斯定理和平面格林定理——从一道国际大学生数学竞赛试题谈起 | 即将出版 | | |
| 康托洛维奇不等式——从一道全国高中联赛试题谈起 | 2013—03 | 28.00 | 337 |
| 西格尔引理——从一道第18届IMO试题的解法谈起 | 即将出版 | | |
| 罗斯定理——从一道前苏联数学竞赛试题谈起 | 即将出版 | | |
| 拉克斯定理和阿廷定理——从一道IMO试题的解法谈起 | 2014—01 | 58.00 | 246 |
| 毕卡大定理——从一道美国大学数学竞赛试题谈起 | 2014—07 | 18.00 | 350 |
| 贝齐尔曲线——从一道全国高中联赛试题谈起 | 即将出版 | | |
| 拉格朗日乘子定理——从一道2005年全国高中联赛试题谈起 | 即将出版 | | |
| 雅可比定理——从一道日本数学奥林匹克试题谈起 | 2013—04 | 48.00 | 249 |
| 李天岩-约克定理——从一道波兰数学竞赛试题谈起 | 2014—06 | 28.00 | 349 |
| 整系数多项式因式分解的一般方法——从克朗耐克算法谈起 | 即将出版 | | |
| 布劳维不动点定理——从一道前苏联数学奥林匹克试题谈起 | 2014—01 | 38.00 | 273 |
| 压缩不动点定理——从一道高考数学试题的解法谈起 | 即将出版 | | |
| 伯恩赛德定理——从一道英国数学奥林匹克试题谈起 | 即将出版 | | |
| 布查特—莫斯特定理——从一道上海市初中竞赛试题谈起 | 即将出版 | | |
| 数论中的同余数问题——从一道普特南竞赛试题谈起 | 即将出版 | | |
| 范·德蒙行列式——从一道美国数学奥林匹克试题谈起 | 即将出版 | | |
| 中国剩余定理:总数法构建中国历史年表 | 2015—01 | 28.00 | 430 |
| 牛顿程序与方程求根——从一道全国高考试题解法谈起 | 即将出版 | | |
| 库默尔定理——从一道IMO预选试题谈起 | 即将出版 | | |
| 卢丁定理——从一道冬令营试题的解法谈起 | 即将出版 | | |
| 沃斯滕霍姆定理——从一道IMO预选试题谈起 | 即将出版 | | |
| 卡尔松不等式——从一道莫斯科数学奥林匹克试题谈起 | 即将出版 | | |
| 信息论中的香农熵——从一道近年高考压轴题谈起 | 即将出版 | | |
| 约当不等式——从一道希望杯竞赛试题谈起 | 即将出版 | | |
| 拉比诺维奇定理 | 即将出版 | | |
| 刘维尔定理——从一道《美国数学月刊》征解问题的解法谈起 | 即将出版 | | |
| 卡塔兰恒等式与级数求和——从一道IMO试题的解法谈起 | 即将出版 | | |
| 勒让德猜想与素数分布——从一道爱尔兰竞赛试题谈起 | 即将出版 | | |
| 天平称重与信息论——从一道基辅市数学奥林匹克试题谈起 | 即将出版 | | |
| 哈密尔顿-凯莱定理:从一道高中数学联赛试题的解法谈起 | 2014—09 | 18.00 | 376 |
| 艾思特曼定理——从一道CMO试题的解法谈起 | 即将出版 | | |

# 哈尔滨工业大学出版社刘培杰数学工作室 已出版(即将出版)图书目录

| 书　　名 | 出版时间 | 定　价 | 编号 |
|---|---|---|---|
| 一个爱尔特希问题——从一道西德数学奥林匹克试题谈起 | 即将出版 | | |
| 有限群中的爱丁格尔问题——从一道北京市初中二年级数学竞赛试题谈起 | 即将出版 | | |
| 贝克码与编码理论——从一道全国高中联赛试题谈起 | 即将出版 | | |
| 帕斯卡三角形 | 2014—03 | 18.00 | 294 |
| 蒲丰投针问题——从2009年清华大学的一道自主招生试题谈起 | 2014—01 | 38.00 | 295 |
| 斯图姆定理——从一道"华约"自主招生试题的解法谈起 | 2014—01 | 18.00 | 296 |
| 许瓦兹引理——从一道加利福尼亚大学伯克利分校数学系博士生试题谈起 | 2014—08 | 18.00 | 297 |
| 拉格朗日中值定理——从一道北京高考试题的解法谈起 | 2014—01 | | 298 |
| 拉姆塞定理——从王诗宬院士的一个问题谈起 | 2014—01 | | 299 |
| 坐标法 | 2013—12 | 28.00 | 332 |
| 数论三角形 | 2014—04 | 38.00 | 341 |
| 毕克定理 | 2014—07 | 18.00 | 352 |
| 数林掠影 | 2014—09 | 48.00 | 389 |
| 我们周围的概率 | 2014—10 | 38.00 | 390 |
| 凸函数最值定理:从一道华约自主招生题的解法谈起 | 2014—10 | 28.00 | 391 |
| 易学与数学奥林匹克 | 2014—10 | 38.00 | 392 |
| 生物数学趣谈 | 2015—01 | 18.00 | 409 |
| 反演 | 2015—01 | | 420 |
| 因式分解与圆锥曲线 | 2015—01 | 18.00 | 426 |
| 轨迹 | 2015—01 | 28.00 | 427 |
| 面积原理:从常庚哲命的一道CMO试题的积分解法谈起 | 2015—01 | 48.00 | 431 |
| 形形色色的不动点定理:从一道28届IMO试题谈起 | 2015—01 | 38.00 | 439 |
| 柯西函数方程:从一道上海交大自主招生的试题谈起 | 2015—02 | 28.00 | 440 |
| 三角恒等式 | 2015—02 | 28.00 | 442 |
| 无理性判定:从一道2014年"北约"自主招生试题谈起 | 2015—01 | 38.00 | 443 |
| 数学归纳法 | 2015—03 | 18.00 | 451 |
| 中等数学英语阅读文选 | 2006—12 | 38.00 | 13 |
| 统计学专业英语 | 2007—03 | 28.00 | 16 |
| 统计学专业英语(第二版) | 2012—07 | 48.00 | 176 |
| 幻方和魔方(第一卷) | 2012—05 | 68.00 | 173 |
| 尘封的经典——初等数学经典文献选读(第一卷) | 2012—07 | 48.00 | 205 |
| 尘封的经典——初等数学经典文献选读(第二卷) | 2012—07 | 38.00 | 206 |
| 实变函数论 | 2012—06 | 78.00 | 181 |
| 非光滑优化及其变分分析 | 2014—01 | 48.00 | 230 |
| 疏散的马尔科夫链 | 2014—01 | 58.00 | 266 |
| 马尔科夫过程论基础 | 2015—01 | 28.00 | 433 |
| 初等微分拓扑学 | 2012—07 | 18.00 | 182 |
| 方程式论 | 2011—03 | 38.00 | 105 |
| 初级方程式论 | 2011—03 | 28.00 | 106 |
| Galois 理论 | 2011—03 | 18.00 | 107 |
| 古典数学难题与伽罗瓦理论 | 2012—11 | 58.00 | 223 |
| 伽罗华与群论 | 2014—01 | 28.00 | 290 |
| 代数方程的根式解及伽罗瓦理论 | 2011—03 | 28.00 | 108 |
| 代数方程的根式解及伽罗瓦理论(第二版) | 2015—01 | 28.00 | 423 |

# 哈尔滨工业大学出版社刘培杰数学工作室
## 已出版(即将出版)图书目录

| 书　名 | 出版时间 | 定价 | 编号 |
|---|---|---|---|
| 线性偏微分方程讲义 | 2011—03 | 18.00 | 110 |
| N体问题的周期解 | 2011—03 | 28.00 | 111 |
| 代数方程式论 | 2011—05 | 18.00 | 121 |
| 动力系统的不变量与函数方程 | 2011—07 | 48.00 | 137 |
| 基于短语评价的翻译知识获取 | 2012—02 | 48.00 | 168 |
| 应用随机过程 | 2012—04 | 48.00 | 187 |
| 概率论导引 | 2012—04 | 18.00 | 179 |
| 矩阵论(上) | 2013—06 | 58.00 | 250 |
| 矩阵论(下) | 2013—06 | 48.00 | 251 |
| 趣味初等方程妙题集锦 | 2014—09 | 48.00 | 388 |
| 趣味初等数论选美与欣赏 | 2015—02 | 48.00 | 445 |
| 对称锥互补问题的内点法:理论分析与算法实现 | 2014—08 | 68.00 | 368 |
| 抽象代数:方法导引 | 2013—06 | 38.00 | 257 |
| 闵嗣鹤文集 | 2011—03 | 98.00 | 102 |
| 吴从炘数学活动三十年(1951~1980) | 2010—07 | 99.00 | 32 |
| 函数论 | 2014—11 | 78.00 | 395 |
| 耕读笔记(上卷):一位农民数学爱好者的初数探索 | 2015—04 | 48.00 | 459 |
| 数贝偶拾——高考数学题研究 | 2014—04 | 28.00 | 274 |
| 数贝偶拾——初等数学研究 | 2014—04 | 38.00 | 275 |
| 数贝偶拾——奥数题研究 | 2014—04 | 48.00 | 276 |
| 集合、函数与方程 | 2014—01 | 28.00 | 300 |
| 数列与不等式 | 2014—01 | 38.00 | 301 |
| 三角与平面向量 | 2014—01 | 28.00 | 302 |
| 平面解析几何 | 2014—01 | 38.00 | 303 |
| 立体几何与组合 | 2014—01 | 28.00 | 304 |
| 极限与导数、数学归纳法 | 2014—01 | 38.00 | 305 |
| 趣味数学 | 2014—03 | 28.00 | 306 |
| 教材教法 | 2014—04 | 68.00 | 307 |
| 自主招生 | 2014—05 | 58.00 | 308 |
| 高考压轴题(上) | 2014—11 | 48.00 | 309 |
| 高考压轴题(下) | 2014—10 | 68.00 | 310 |
| 从费马到怀尔斯——费马大定理的历史 | 2013—10 | 198.00 | I |
| 从庞加莱到佩雷尔曼——庞加莱猜想的历史 | 2013—10 | 298.00 | II |
| 从切比雪夫到爱尔特希(上)——素数定理的初等证明 | 2013—07 | 48.00 | III |
| 从切比雪夫到爱尔特希(下)——素数定理100年 | 2012—12 | 98.00 | III |
| 从高斯到盖尔方特——二次域的高斯猜想 | 2013—10 | 198.00 | IV |
| 从库默尔到朗兰兹——朗兰兹猜想的历史 | 2014—01 | 98.00 | V |
| 从比勃巴赫到德布朗斯——比勃巴赫猜想的历史 | 2014—02 | 298.00 | VI |
| 从麦比乌斯到陈省身——麦比乌斯变换与麦比乌斯带 | 2014—02 | 298.00 | VII |
| 从布尔到豪斯道夫——布尔方程与格论漫谈 | 2013—10 | 198.00 | VIII |
| 从开普勒到阿诺德——三体问题的历史 | 2014—05 | 298.00 | IX |
| 从华林到华罗庚——华林问题的历史 | 2013—10 | 298.00 | X |

# 哈尔滨工业大学出版社刘培杰数学工作室
## 已出版(即将出版)图书目录

| 书 名 | 出版时间 | 定 价 | 编号 |
|---|---|---|---|
| 吴振奎高等数学解题真经(概率统计卷) | 2012—01 | 38.00 | 149 |
| 吴振奎高等数学解题真经(微积分卷) | 2012—01 | 68.00 | 150 |
| 吴振奎高等数学解题真经(线性代数卷) | 2012—01 | 58.00 | 151 |
| 高等数学解题全攻略(上卷) | 2013—06 | 58.00 | 252 |
| 高等数学解题全攻略(下卷) | 2013—06 | 58.00 | 253 |
| 高等数学复习纲要 | 2014—01 | 18.00 | 384 |
| 钱昌本教你快乐学数学(上) | 2011—12 | 48.00 | 155 |
| 钱昌本教你快乐学数学(下) | 2012—03 | 58.00 | 171 |
| 三角函数 | 2014—01 | 38.00 | 311 |
| 不等式 | 2014—01 | 38.00 | 312 |
| 数列 | 2014—01 | 38.00 | 313 |
| 方程 | 2014—01 | 28.00 | 314 |
| 排列和组合 | 2014—01 | 28.00 | 315 |
| 极限与导数 | 2014—01 | 28.00 | 316 |
| 向量 | 2014—09 | 38.00 | 317 |
| 复数及其应用 | 2014—08 | 28.00 | 318 |
| 函数 | 2014—01 | 38.00 | 319 |
| 集合 | 即将出版 |  | 320 |
| 直线与平面 | 2014—01 | 28.00 | 321 |
| 立体几何 | 2014—04 | 28.00 | 322 |
| 解三角形 | 即将出版 |  | 323 |
| 直线与圆 | 2014—01 | 28.00 | 324 |
| 圆锥曲线 | 2014—01 | 38.00 | 325 |
| 解题通法(一) | 2014—07 | 38.00 | 326 |
| 解题通法(二) | 2014—07 | 38.00 | 327 |
| 解题通法(三) | 2014—05 | 38.00 | 328 |
| 概率与统计 | 2014—01 | 28.00 | 329 |
| 信息迁移与算法 | 即将出版 |  | 330 |
| 第19~23届"希望杯"全国数学邀请赛试题审题要津详细评注(初一版) | 2014—03 | 28.00 | 333 |
| 第19~23届"希望杯"全国数学邀请赛试题审题要津详细评注(初二、初三版) | 2014—03 | 38.00 | 334 |
| 第19~23届"希望杯"全国数学邀请赛试题审题要津详细评注(高一版) | 2014—03 | 28.00 | 335 |
| 第19~23届"希望杯"全国数学邀请赛试题审题要津详细评注(高二版) | 2014—03 | 38.00 | 336 |
| 第19~25届"希望杯"全国数学邀请赛试题审题要津详细评注(初一版) | 2015—01 | 38.00 | 416 |
| 第19~25届"希望杯"全国数学邀请赛试题审题要津详细评注(初二、初三版) | 2015—01 | 58.00 | 417 |
| 第19~25届"希望杯"全国数学邀请赛试题审题要津详细评注(高一版) | 2015—01 | 48.00 | 418 |
| 第19~25届"希望杯"全国数学邀请赛试题审题要津详细评注(高二版) | 2015—01 | 48.00 | 419 |
| 物理奥林匹克竞赛大题典——力学卷 | 2014—11 | 48.00 | 405 |
| 物理奥林匹克竞赛大题典——热学卷 | 2014—04 | 28.00 | 339 |
| 物理奥林匹克竞赛大题典——电磁学卷 | 即将出版 |  | 406 |
| 物理奥林匹克竞赛大题典——光学与近代物理卷 | 2014—06 | 28.00 | 345 |

# 哈尔滨工业大学出版社刘培杰数学工作室
# 已出版(即将出版)图书目录

| 书 名 | 出版时间 | 定 价 | 编号 |
|---|---|---|---|
| 历届中国东南地区数学奥林匹克试题集(2004~2012) | 2014—06 | 18.00 | 346 |
| 历届中国西部地区数学奥林匹克试题集(2001~2012) | 2014—07 | 18.00 | 347 |
| 历届中国女子数学奥林匹克试题集(2002~2012) | 2014—08 | 18.00 | 348 |
| 几何变换(Ⅰ) | 2014—07 | 28.00 | 353 |
| 几何变换(Ⅱ) | 即将出版 | | 354 |
| 几何变换(Ⅲ) | 2015—01 | 38.00 | 355 |
| 几何变换(Ⅳ) | 即将出版 | | 356 |
| 美国高中数学竞赛五十讲.第1卷(英文) | 2014—08 | 28.00 | 357 |
| 美国高中数学竞赛五十讲.第2卷(英文) | 2014—08 | 28.00 | 358 |
| 美国高中数学竞赛五十讲.第3卷(英文) | 2014—09 | 28.00 | 359 |
| 美国高中数学竞赛五十讲.第4卷(英文) | 2014—09 | 28.00 | 360 |
| 美国高中数学竞赛五十讲.第5卷(英文) | 2014—10 | 28.00 | 361 |
| 美国高中数学竞赛五十讲.第6卷(英文) | 2014—11 | 28.00 | 362 |
| 美国高中数学竞赛五十讲.第7卷(英文) | 2014—12 | 28.00 | 363 |
| 美国高中数学竞赛五十讲.第8卷(英文) | 2015—01 | 28.00 | 364 |
| 美国高中数学竞赛五十讲.第9卷(英文) | 2015—01 | 28.00 | 365 |
| 美国高中数学竞赛五十讲.第10卷(英文) | 2015—02 | 38.00 | 366 |
| IMO 50年.第1卷(1959—1963) | 2014—11 | 28.00 | 377 |
| IMO 50年.第2卷(1964—1968) | 2014—11 | 28.00 | 378 |
| IMO 50年.第3卷(1969—1973) | 2014—09 | 28.00 | 379 |
| IMO 50年.第4卷(1974—1978) | 即将出版 | | 380 |
| IMO 50年.第5卷(1979—1984) | 即将出版 | | 381 |
| IMO 50年.第6卷(1985—1989) | 2015—04 | 58.00 | 382 |
| IMO 50年.第7卷(1990—1994) | 即将出版 | | 383 |
| IMO 50年.第8卷(1995—1999) | 即将出版 | | 384 |
| IMO 50年.第9卷(2000—2004) | 即将出版 | | 385 |
| IMO 50年.第10卷(2005—2008) | 即将出版 | | 386 |
| 历届美国大学生数学竞赛试题集.第一卷(1938—1949) | 2015—01 | 28.00 | 397 |
| 历届美国大学生数学竞赛试题集.第二卷(1950—1959) | 2015—01 | 28.00 | 398 |
| 历届美国大学生数学竞赛试题集.第三卷(1960—1969) | 2015—01 | 28.00 | 399 |
| 历届美国大学生数学竞赛试题集.第四卷(1970—1979) | 2015—01 | 18.00 | 400 |
| 历届美国大学生数学竞赛试题集.第五卷(1980—1989) | 2015—01 | 28.00 | 401 |
| 历届美国大学生数学竞赛试题集.第六卷(1990—1999) | 2015—01 | 28.00 | 402 |
| 历届美国大学生数学竞赛试题集.第七卷(2000—2009) | 即将出版 | | 403 |
| 历届美国大学生数学竞赛试题集.第八卷(2010—2012) | 2015—01 | 18.00 | 404 |

# 哈尔滨工业大学出版社刘培杰数学工作室
# 已出版(即将出版)图书目录

| 书　名 | 出版时间 | 定　价 | 编号 |
|---|---|---|---|
| 新课标高考数学创新题解题诀窍:总论 | 2014—09 | 28.00 | 372 |
| 新课标高考数学创新题解题诀窍:必修1~5分册 | 2014—08 | 38.00 | 373 |
| 新课标高考数学创新题解题诀窍:选修2-1,2-2,1-1,1-2分册 | 2014—09 | 38.00 | 374 |
| 新课标高考数学创新题解题诀窍:选修2-3,4-4,4-5分册 | 2014—09 | 18.00 | 375 |
| 全国重点大学自主招生英文数学试题全攻略:词汇卷 | 即将出版 |  | 410 |
| 全国重点大学自主招生英文数学试题全攻略:概念卷 | 2015—01 | 28.00 | 411 |
| 全国重点大学自主招生英文数学试题全攻略:文章选读卷(上) | 即将出版 |  | 412 |
| 全国重点大学自主招生英文数学试题全攻略:文章选读卷(下) | 即将出版 |  | 413 |
| 全国重点大学自主招生英文数学试题全攻略:试题卷 | 即将出版 |  | 414 |
| 全国重点大学自主招生英文数学试题全攻略:名著欣赏卷 | 即将出版 |  | 415 |

**联系地址**:哈尔滨市南岗区复华四道街10号　哈尔滨工业大学出版社刘培杰数学工作室
网　　址:http://lpj.hit.edu.cn/
邮　　编:150006
**联系电话**:0451—86281378　　13904613167
E-mail:lpj1378@163.com